GERD SCHMALBROCK

DIE POLITISCHEN FALSCHSPIELER

Hinter den Kulissen geheimer Weltstaatmacher

VERLAG IKC PRESSE GLADBECK

Internationale Standard-Buchnummer
3 921278 14 7

Erste Auflage 1979
Gesamtherstellung: Buchdruckerei Loibl, 8858 Neuburg (Donau) 1

DER UNNÜTZE KRIEG

Morgens gegen acht überbringt man dem französischen Ministerpräsidenten Daladier die Nachricht, daß in der Frühe dieses 1. Septembers 1939 die deutschen Truppen in Polen eingefallen seien. Außenminister Bonnet wird gerufen. Sie überlegen, ob man noch den italienischen Friedensvorschlag annehmen könne. Bonnet ruft den britischen Außenminister an. Lord Halifax ist nicht zu sprechen. Nicht um neun, nicht um zehn, auch noch nicht um elf. Er sei zum Zahnarzt. Kurz vor zwölf bekommt man endlich aus London Nachricht. Gegen eine französische Antwort auf Mussolinis Friedensvorschläge sei nichts einzuwenden. Bonnet ruft François-Poncet an, der nun Botschafter in Rom ist. Dieser eilt zum italienischen Außenminister, um Frankreichs Teilnahme für die auf den 5. September vorgeschlagene Friedenskonferenz zuzusagen, sofern auch Polen eingeladen werde. Mussolini ist froh darüber, denn er möchte, daß Italien sein Bündnis mit Deutschland einhält, was ihm jedoch seine Berater abraten. Es sind lauter hochgradige Freimaurer, die ihn bedrängen, Botschafter Attolico zu Hitler zu schicken, um ihn zu ersuchen, Italien von seiner Bündnisverpflichtung zu entbinden. Mussolini gibt nach, und Hitler schickt ihm sofort das gewünschte Telegramm: „Ich bin überzeugt davon, daß ich die vor mir liegende Aufgabe mit den deutschen Streitkräften allein bewältigen kann und glaube daher, daß ich unter diesen Umständen keine militärische Unterstützung von italienischer Seite in Anspruch zu nehmen brauche." Noch meint Hitler, daß der Feldzug gegen Polen keinen Weltkrieg auslösen wird.

Am Abend dieses ersten Kriegstages schreibt der deutsche Abwehrchef Canaris ins Tagebuch: „Deutschland darf diesen Krieg nicht gewinnen!" Schon gehen die ersten Greuelmeldungen durch die amerikanische Presse. Die Deutschen hätten den Wallfahrtsort Tschenstochau mitsamt dem berühmten Gnadenbild der Schwarzen Madonna sinnlos zerstört. Der Leiter der deutschen Auslandspresse will sofort den amerikanischen Journalisten Louis P. Lochner nach Tschenstochau schicken. Canaris läßt den Reiseantrag verweigern. Erst nach langem Hin und Her kann die Reiseerlaubnis beschafft werden. In Amerika muß man die erste Greuelmeldung dementieren.

Außenminister Halifax ruft in Rom an. Die britische Regierung könne die italienischen Friedensvorschläge erst prüfen, nachdem die Deutschen ihre Truppen aus Polen zurückgezogen hätten. Mussolini sieht ein, daß es keine Möglichkeit mehr gibt, zwischen Hitler und England zu vermitteln. Am Vormittag des 3. September bricht der Krieg zwischen England und Deutschland aus. Der Ordonanzoffizier des Generalmajors von Treskow, Major von Schlabrendorff, will noch rasch den britischen Botschafter sprechen. Er möchte ihm die Mitteilung mit nach London geben, daß alles vorbereitet sei, um Hitler festzunehmen. Die Botschaft steht bereits leer. Nur der britische Geschäftsträger, Sir George Ogilvy Forbes, halte sich noch im Berliner Adlon auf. Sofort läßt sich der Major in dieses Hotel Unter den Linden fahren, wo er in der Halle auf den britischen Diplomaten stößt. Er teilt ihm sein Anliegen mit und wird von ihm zum Essen eingeladen. „Ein glücklicher Umstand fügte es, daß Generaloberst von Hammerstein mit dem Oberbefehl über die Truppen am Rhein betraut worden ist!" Sir Forbes horcht auf. „Ebenso zufällig hat Hitler dort seinen Besuch angesagt. Bei dieser Gelegenheit soll er festgenommen werden." Sir Forbes zeigt keine Regung. Da sieht Major von Schlabrendorff SS-Führer eintreten, die sich beim Kellner nach etwas erkundigen. Dieser kommt an den Tisch des britischen Diplomaten und bestellt, daß ihn einige Herren zu sprechen wünschen. Gelassen erhebt sich Sir Forbes und geht auf die SS-Führer zu, die sich bei ihm erkundigen, wann er abzureisen gedenke. „Sogleich nach dem Frühstück", erwidert Sir Forbes. Die SS-Führer grüßen und gehen ab, ohne sich weiter darum zu kümmern, mit wem Sir Forbes da soeben gefrühstückt hat.

Die Nachricht vom bevorstehenden Putsch gegen Hitler wird von London aus sofort dem französischen Nachrichtendienst übermittelt. General Gamelin sucht als Oberbefehlshaber der französischen Streitkräfte nach Ausreden, damit der mit den Hauptteilen der Armee vertraglich den Polen zugesicherte Angriff nicht stattfinden braucht. „Die Hauptteile der Armee", versichert er dem Ministerpräsidenten, „sind nicht gleichbedeutend mit dem Hauptteil der Armee." So warten die Polen vergebens auf den Entlastungsangriff im Westen. Auch im deutschen Generalstab befürchtet man stündlich den Großangriff der Franzosen. Den hundertzehn französischen und britischen Divisionen stehen dort nur dreiundzwanzig schlecht ausgerüstete deutsche Divisionen gegenüber. Als es bei Vorfeldgeplänkel bleibt, fühlt sich Hitler ganz sicher, daß Frankreich und England wegen Polen nicht kämpfen werden. Um den Konflikt nicht zu verschärfen, sagt er seinen Besuch an der Westfront ab.

Der amerikanische Präsident ahnt, wieviele Minister es in Paris und London gibt, die nur darüber grübeln, wie man mit etwas Anstand aus dem Krieg wieder herauskommen könne. Sogar Churchill soll geneigt sein, den Krieg abzublasen. Um das zu verhindern, durchbricht Roosevelt alle Gesetze des Protokolls, indem er dem Ersten Lord der britischen

Admiralität, Winston Churchill, einen Brief schreibt. „Ich möchte, daß Sie und der Premierminister wissen, daß ich es jederzeit begrüßen würde, wenn Sie mich persönlich über alles auf dem Laufenden halten, wovon Sie mir Kenntnis geben wollen. Sie können jederzeit versiegelte Briefe mit Ihrer oder meiner Kurierpost schicken." Es setzt ein ständiger Gedankenaustausch zwischen diesen beiden Hochgradmaurern ein, bei dem man sowohl den britischen als auch den amerikanischen Außenminister umgeht.

Am Spätnachmittag des 14. September, als Warschau bereits von deutschen Truppen eingeschlossen ist, läßt sich der Vorsitzende des amerikanischen Zentralgewerkschaftsbundes, John Lewis, mit dem amerikanischen Präsidenten verbinden. Roosevelt gibt sich sehr herzlich, und Lewis ersucht ihn, den Besitzer der Crusader Ölgesellschaft, William Rhodes Davis, unter Geheimhaltung zu einem Gespräch zu empfangen. Das sei für die Nation von größter Bedeutung! Roosevelt warb früher oft um Davis Gunst, der ein bedeutendes Mitglied seiner Partei ist, jetzt aber gegen ihn eingenommen ist, weil er einen Krieg mit Deutschland für unvorteilhaft hält. Der Präsident weiß, zu welchen Vermutungen ein geheimgehaltener Besuch von Davis führen müsse, denn so geheim bleiben auch Geheimbesuche nicht. Und die britische Regierung wird so gut wie er wissen, daß Davis in Verbindung mit Göring steht. Am liebsten möchte Roosevelt den Großunternehmer Davis gar nicht sprechen. Wegen der bevorstehenden Präsidentschaftswahlen kann er sich den Gewerkschaftsführer aber nicht zum Feind machen. Darum sagt er, daß er Davis empfangen wolle, nur nicht unter Geheimhaltung, weil das seiner Stellung als Präsident eines neutralen Staates schaden müsse.

Am anderen Tag sitzt Davis bei Roosevelt, der sich in gewinnender Herzlichkeit gibt. Davis teilt ihm mit, er sei durch Göring gebeten worden, festzustellen, ob der amerikanische Präsident im europäischen Konflikt vermitteln wolle. Roosevelt sagt, daß er schon mehrere inoffizielle Aufforderungen erhalten habe, aber wegen des amerikanischen Nichteinmischungsprinzips erst vermittelnd eingreifen könne, wenn er durch eine Regierung offiziell darum ersucht werde. Davis meint, eine offizielle Aufforderung von der deutschen Reichsregierung erwirken zu können, sobald man ihr Gewißheit gebe, daß sich der amerikanische Präsident als ehrlicher Makler einsetzen wolle. Tage später läßt der Gewerkschaftsvorsitzende den Präsidenten noch einmal ans Telefon kommen. Er liest ihm ein Telegramm vor, das Davis durch Görings Verbindungsmann Dr. Hertslet bekommen habe: „Kann absolute Befriedigung zusichern, wenn neue Situation hier durch neutrale Vereinigte Staaten von Amerika unterstützt!" Roosevelt übergibt das Telegramm, als es ihm zugeht, an Adolf

Berle, damit er es zu den Akten nehme. Kaum hat Berle das Zimmer verlassen, ruft er seinen Vertrauensmann im Zentralgewerkschaftsbund, Garner Jackson, an: „Bitte, laß Lewis beobachten und teile mir jede Begegnung mit, die er sucht!" Der ehrgeizige Jackson erfüllt den Auftrag gründlich.

Am 17. September fallen sowjetische Truppen in Ostpolen ein. Zwei Tage später kapituliert die polnische Armee. In Berlin tritt General Oster als Vertrauensmann von Canaris mit dem niederländischen Militärattaché, Oberst Sas, in Verbindung. Er unterrichtet ihn über die deutschen Angriffspläne im Westen und sagt, daß dieser Angriff das Ende des Dritten Reiches sein werde. Er sei vom Mißlingen der Offensive fest überzeugt. Sie müsse nach ersten Anfangserfolgen am Widerstandswillen der Franzosen scheitern.

Davis ist bereits nach Italien unterwegs. In Rom wird er durch Dr. Hertslet empfangen. Dieser sagt ihm, wie begeistert Göring von seiner Absicht sei, den Frieden zu vermitteln. Er brenne darauf, ihn persönlich zu sprechen und erwarte ihn in Berlin. Göring befindet sich noch mit dem schwedischen Freimaurer Dahlerus bei Hitler. Der Schwede verhandelte mit dem britischen Legationsrat in Oslo und berichtet von seinen Eindrücken. In London gebe es Politiker, die einer Friedensvereinbarung zuneigten. Man müsse England nur die Möglichkeit geben, sich ohne Ansehensverlust aus der Affäre zu ziehen. Hitler nickt und sagt, daß er zu Geheimverhandlungen bereit sei. Dahlerus nennt ihm die Bedingungen der Engländer. Polen sei wiederherzustellen, was ihm Göring für die nichtdeutschen Gebiete bereits zubilligte. Mit der Rückgliederung der deutschen Ostgebiete in das Reich werde man sich nur dann einverstanden erklären, wenn Deutschland die Sowjetunion zwinge, die ostpolnischen Gebiete wieder herauszurücken. Was möglicherweise zu kriegerischen Auseinandersetzungen zwischen den beiden Staaten führen werde.

Nach Berlin zurückgekehrt, empfängt Göring den amerikanischen Großunternehmer. Er versichert ihm, die Reichsregierung sei zu einem Kompromiß bereit, wenn Roosevelt den Frieden mit England vermittle. Im Auftrag des Führers könne er ihm zusichern, daß Deutschland einer Regelung zustimme, durch die ein neuer polnischer Staat errichtet und eine unabhängige tschechische Regierung geschaffen werde. Diesen Vorschlag dürfe er nur dem Präsidenten unterbreiten; er sei diskret zu behandeln. Die Friedensverhandlungen könnten in Washington stattfinden. Er selbst wolle daran teilnehmen. Am 3. Oktober verabschiedet Göring den Amerikaner. Am selben Tag sagt Premierminister Chamberlain vor dem britischen Unterhaus: „Wir sind nicht bereit, von der gegnerischen deutschen Regierung auch nur die geringste Zusicherung entgegenzunehmen."

Und in der New York Times kann man an diesem Dienstagmorgen lesen: „Die Vereinigten Staaten werden am Krieg teilnehmen." Denn: „Um den Kreml zu einer Änderung seiner Politik zu bewegen, bleibt nur ein Weg übrig: Hitler muß einen solch entscheidenden Schlag versetzt bekommen, daß Stalin ihn zu fürchten aufhört." Finanzminister Morgenthau unternimmt bereits den Versuch, die sowjetfeindlich eingestellten amerikanischen Unternehmer davon zu überzeugen, daß das nationalsozialistische Deutsche Reich für sie keineswegs das kleinere Übel sei. Er läßt seinen engsten Mitarbeiter, Harry Dextor White, einen interministeriellen Bericht darüber vorbereiten: ‚Hat der Nationalsozialismus den Kapitalismus in Deutschland geschwächt oder gestärkt?' Die beiden schwerwiegendsten Vorwürfe lauten: die rücksichtslose Regierungskontrolle über die Landwirtschaft zum Zweck der Selbstversorgung und die Verächtlichmachung des westlichen Kapitalismus als jüdisch und plutokratisch, wirkten sich abträglich aus. Durch fünf Entwicklungen scheine die Stellung des deutschen Kapitalismus gefestigt worden zu sein: man habe die Gewerkschaften und Oppositionsparteien entmachtet; man habe die durchschnittlichen Dividendensätze durch Lohn- und Preiskontrolle auf den höchsten Stand gebracht; man habe die Arbeitslosigkeit in Arbeitskräftemangel umgekehrt; man habe die Steuern so geregelt, daß der Arbeiter einen höheren Anteil an der Gesamtbelastung trage; man habe in Österreich, der Tschechoslowakei, in Polen und Südeuropa der deutschen Wirtschaft neue Absatzgebiete erschlossen. White schließt mit der Feststellung, daß der deutsche Kapitalismus, trotz scheinbar günstiger Entwicklungen, in Wirklichkeit geschwächt worden sei.

In Berlin spricht Hitler vor dem Reichstag. Er wirft die entscheidende Frage auf: „Weshalb soll nun der Krieg im Westen stattfinden?" Seiner Meinung nach werde der Krieg im Westen gar keine Probleme lösen können, es sei denn, das der kaputten Finanzen einiger Rüstungsindustrieller und Zeitungsbesitzer oder anderer internationaler Kriegsgewinnler. Nach seinem Friedensangebot macht er eine bemerkenswerte Voraussage: „Es hat in der Weltgeschichte noch niemals zwei Sieger gegeben, aber oft nur Besiegte. Schon im letzten Krieg scheint mir das der Fall gewesen zu sein." Zwei Tage wartet Hitler auf Antwort. Dann erst erteilt er seinem Generalstab die Weisung, vierzig Tage nach Beginn des Krieges, einen Feldzugsplan für den Krieg im Westen auszuarbeiten, der den Durchmarsch deutscher Truppen durch Belgien, Holland und Luxemburg vorsehe. Den Tag des Angriffs setzt er auf den 12. November fest. Dem niederländischen Freimaurer, Prinz Bernhard, werden sämtliche Einzelheiten über den deutschen Vormarschplan durch Logenbrüder im deutschen Generalstab noch im Oktober bekanntgegeben. Er erfährt auch, daß der Angriff keinesfalls vor dem 15., jedoch spätestens am 20. November stattfinden werde. Der Zwölfte hätte unter einem kabbalistisch ungünstigen Zeichen gestanden. Damit weiß Prinz Bernhard schon mehr als Hitler, und er gibt die Nachricht sofort an seinen Logenbruder Leopold weiter, dem König der Belgier.

Der Krieg ist schon sechs Wochen alt, und in Frankreich stehen erst vier britische Divisionen. In der Londoner Regierung scheint es Männer zu geben, die den Krieg noch gar nicht ernst nehmen. Chamberlain wartet auf das Wirken der deutschen Freimaurer in den höchsten Wehrmachtskommandostellen. Er erklärt ,die Beseitigung des Hitlerismus' zum einzigen Kriegsziel und hofft, es ohne Krieg erreichen zu können. Hitlers Friedensangebot lehnt er am 12. Oktober scharf ab. Mr. Davis trifft gerade wieder in New York ein. Er reist sofort nach Washington, um dem Präsidenten Görings Angebot zu unterbreiten. Er wird von Roosevelt gar nicht mehr empfangen.

Nun versucht Hjalmar Schacht sein Glück und schreibt seinem Logenbruder Léon Fraser, der einmal Präsident für Internationalen Zahlungsausgleich war. Er legt einen Brief an den amerikanischen Präsidenten bei. Darin macht er Roosevelt weis, daß seiner Meinung nach annehmbare Friedensvorschläge höchstwahrscheinlich zum Sturz der Regierung Hitler führten. Er ersuche ihn, die Sache der Friedensvermittlung in die Hand zu nehmen und ihm eine Einladung in die Vereinigten Staaten zu verschaffen. Er wolle ihn dann über die Möglichkeiten der deutschen Opposition unterrichten und deren Einsätze von New York aus leiten. Sein Brief bleibt in den Amtsstuben des amerikanischen Außenministeriums liegen. Ein anderer deutscher Freimaurer befindet sich bereits seit Wochen in Amerika — der Legationsrat des deutschen Außenministeriums, Adam von Trott zu Solz. Er schlägt dem amerikanischen Außenminister in einem Schreiben vor, den ehrgeizigen Göring zum Führer der freimaurerischen Opposition in Deutschland zu machen. Trott zu Solz führte ihm bereits den Schweden Dahlerus zu, und er spricht mit allen erreichbaren Freimaurerbrüdern Amerikas, damit sie Görings Friedensbemühungen unterstützen. Man solle nicht versuchen, das deutsche Volk von seinen Führern zu trennen, sondern einen so populären und schillernden Mann wie Göring, der stets die politische Bedeutung der Logen richtig einzuschätzen wußte, den Rücken stärken, damit man Hitler durch ihn ersetzen könne. Denn Hitlers sämtliche Propagandabemühungen würden zerschlagen, gäbe der Präsident der Vereinigten Staaten in einer offenen Erklärung die Friedensbedingungen bekannt. Dadurch mache man es der politischen Opposition in Deutschland möglich, Hitler zu stürzen. Adolf Berle vom Außenministerium weist seinen Pressereferen-

10

ten an, diesen sonderbaren Beamten aus der Berliner Wilhelmstraße als Naziagenten darzustellen.

In Deutschland ist General Halder von Hitler mit der Vorbereitung der Angriffspläne im Westen beauftragt. Dieser läßt nun den Vertrauensmann von Canaris, Oberstleutnant Groscurth, einen generalstabsmäßigen Plan für den Putsch vorbereiten. Danach begibt sich Halder an die Westfront, um die dort eingesetzten Armeeführer ins Vertrauen zu ziehen. Acht Tage vor dem noch amtlich vorgesehenen Angriff im Westen nimmt er an, daß die Vorbereitungen für den Umsturz abgeschlossen seien. Er läßt durch Groscurth den General Beck und den ehemaligen Oberbürgermeister von Leipzig, Goerdeler, benachrichtigen. Canaris bekommt eine Abteilung ‚zur besonderen Verwendung‘ unterstellt. Er soll ein Attentat auf Hitler vorbereiten, denn der Oberbefehlshaber des Heeres, von Brauchitsch, hält einen Staatsstreich für aussichtslos, solange der Führer lebe. Canaris schickt den bei ihm tätigen Dr. Josef Müller nach Rom, um Papst Pius den Zwölften zu bitten, sofort in Geheimverhandlungen mit der britischen Regierung zu treten, damit der in Deutschland vorgesehene Staatsstreich nicht von den Westmächten zu einem Angriff benützt werde. Man benötige auch die Zusicherung, daß eine neue Reichsregierung ohne Nationalsozialisten auf vernünftige Friedensbedingungen hoffen dürfe. Der ehemalige deutsche Botschafter in Rom, Ulrich von Hassel, drängt zur Eile. Nach einer Verletzung der belgischen Neutralität werde es unmöglich sein, noch einen annehmbaren Frieden zu erwirken. Generaloberst von Brauchitsch gibt Halders Drängen nach, Hitler verhaften zu lassen, sollte er den Angriff im Westen nicht aufschieben.

Am 5. November reist er von Zossen nach Berlin, um in der Reichskanzlei vorzusprechen. Eigentlich sollten die deutschen Truppen an diesem Tag schon ihre Ausgangsstellungen für den Angriff bezogen haben. Brauchitsch bringt den langen Bericht seines Generalstabschefs mit, der die militärischen Gründe für einen Aufschub des Angriffs aufführt. Vorsichtig weist er zunächst auf die ungünstige Wettervoraussage für den 12. November hin. Eine schlechte Wetterlage könne das Eingreifen der Luftwaffe verhindern! Es sei vorteilhafter, den Angriff bis zum Frühjahr zu verschieben. Hitler lehnt ab. Das ungünstige Wetter werde auch dem Feind nicht günstig sein. Außerdem wisse man nicht, vor welchen Witterungsverhältnissen man im Frühjahr stehen werde. Brauchitsch deutet auf den unzureichend vorbereiteten Aufmarsch hin. Die angespannte Verkehrslage auf der Eisenbahn habe zu Verzögerungen geführt. Außerdem sei ihm während des Polenfeldzugs das Versagen einiger Truppenteile aufgefallen. Man habe Disziplinlosigkeiten festgestellt. Hitler braust auf. „Wo? Wer? Bei welchen Truppenteilen sind Disziplinlosigkeiten be-

11

merkt worden? Ich fliege morgen hin!" Brauchitsch kommt nicht mehr zu Wort. Zitternd verläßt er die Reichskanzlei und fährt nach Zossen zurück. Dort zögert er, den zugesicherten Befehl zum Sturz der Regierung zu erteilen, obwohl Hitler seinen Angriffsbefehl für den 12. November bereits telefonisch nach Zossen wiederholt hat. Oster teilt nun dem niederländischen Militärattaché in Berlin den 12. November als Angriffstag mit.

Hitler bespricht den Vorfall mit Göring. Der rät ihm, Brauchitsch und Halder festnehmen zu lassen. Das will Hitler nicht. So kurz vor dem Angriff könne er nicht die ranghöchsten Heeresoffiziere wechseln, die er noch soeben für den Polenfeldzug ausgezeichnet habe. Zwei Tage später gibt Generaloberst Keitel die Geheime Kommandosache durch: ‚Der Führer und Oberste Befehlshaber der Wehrmacht hat am 7. November nach Vortrag der Wetterlage und der Transportlage befohlen — der A-Tag wird zunächst um drei Tage verschoben. Nächste Entscheidung erfolgt am 9. November 1939 bis 18 Uhr.' Das ist der erste von vierzehn Aufschubbefehlen.

Einen Tag später fliegt Hitler nach München, um, wie in jedem Jahr, im Bürgerbräukeller vor alten Kameraden zu sprechen. Aus Sicherheitsgründen wurden irreführende Mitteilungen darüber gemacht. Zuerst hieß es, Heß werde sprechen. Das wurde berichtigt. Heß spreche nicht im Bürgerbräukeller, sondern über den Rundfunk! Dann: Heß spreche überhaupt nicht, und die Parteifeier werde wegen des Krieges verkürzt. — Die Veranstaltung beginnt früher als sonst. Hitler erscheint und hält seine Rede. Rommel, der die militärische Begleitung Hitlers anführt, findet den Führer an diesem Abend besonders seßhaft. Er drängt zum Aufbruch, weil für den kommenden Tag wichtige Besprechungen vorgemerkt seien. Nach Rücksprache mit Flugzeugführer Baur, der eine Schlechtwetterlage meldet, entschließt sich Hitler, den fahrplanmäßigen Schnellzug von München nach Berlin zu benutzen, dem die Wagen seines Sonderzuges angehängt werden sollen. Nicht nur Goebbels, auch alle prominenten Parteigenossen verlassen mit Hitler den Bürgerbräukeller, anstatt wie sonst, mit den alten Kameraden noch zusammenzusitzen. Zwölf Minuten später explodiert die Bombe. Der Attentäter kann noch in derselben Nacht auf der Flucht an der Schweizer Grenze festgenommen werden. Er trägt eine Ansichtskarte vom Bürgerbräukeller bei sich, auf der die Säule, in der die Bombe eingebaut war, mit einem Kreuz markiert ist. Diese Karte soll ihm kurz nach der Tat von Männern zugesteckt worden sein, die ihn zur Schweizer Grenze fuhren, ihm Geld gaben und behaupteten, daß er bei Vorzeigen der Postkarte von den Schweizer Grenzbeamten durchgelassen werde. Er heißt Georg Elsässer und ge-

12

steht, die Zeitzünderbombe in etwa dreißig Nächten in die Säule des Bürgerbräukellers eingebaut zu haben.

Goebbels, der zusammen mit Hitler nach Berlin zurückreist, erfährt von dem Anschlag auf dem Bahnsteig in Nürnberg. Zunächst hält er die Nachricht für eine Falschmeldung. Doch sieben Parteigenossen wurden getötet und über sechzig verletzt. In Berlin angekommen, sagt er die angesetzte Ministerkonferenz ab. Er möchte sich noch nicht zu den Vorfällen äußern. In den Vertraulichen Informationen werden die Schriftleiter angewiesen, die Schuld am Attentat nicht auf innerdeutsche Gruppen zu lenken. Denn obwohl Elsässer nur soviel aussagt, wie man herausbekommen hat, gibt er seine französischen Geldgeber preis, durch die er sich hereingelegt fühlt. Offenbar wollen sie die Tat als einen Mordanschlag der Kommunisten erscheinen lassen, um den deutsch-sowjetischen Freundschaftsvertrag zu stören. Elsässer saß bereits einmal wegen einer Mitgliedschaft in der Kommunistischen Partei in Haft. Im Konzentrationslager Dachau behauptet er vor Mitgefangenen, durch die Gestapo zum Legen der Bombe angewiesen worden zu sein. Vermutlich haben sich bei ihm die Agenten von Canaris als Gestapobeamte ausgewiesen.

Das zweite Kriegsjahr bricht an, und der Angriff im Westen hat immer noch nicht stattgefunden. Die deutschen Journalisten klagen über Nachrichtenmangel. Es ist ein Krieg, in dem sich nichts tut, und in dem das wenige, was geschieht, nicht erwähnt werden darf. Wie der Fall Reinberger. Reinberger ist Major im Generalstab der Luftwaffe. Am 10. Januar bekommt er den Geheimauftrag, dem Kommandeur der Heeresgruppe B, Generaloberst Bock, die Vormarschpläne für die 6. Armee zu überbringen, die durch Belgien gegen Nordfrankreich vorrücken soll. Es herrscht trockene Kälte. Im Westen, wo Infanteriekolonnen in langen Nächten näher an die Grenze heranrücken, stellt ein Kompanieführer an einem der marschierenden Männer ein erfrorenes Ohr fest. Weiß wie Fischfleisch ist die Ohrmuschel. Währenddessen sitzt Major Reinberger beim Wein im Offizierskasino von Münster. Darüber versäumt er den Zug, der ihn nach Köln zu Generaloberst Bock bringen soll. Sein Freund, Major Hoenemann, bietet sich an, ihn im Fieseler Storch nach Köln zu fliegen. Zwei Stunden später landet das Flugzeug in Belgien. Der Pilot gibt an, bei wolkigem Wetter die Maas mit dem Rhein verwechselt zu haben. Verglichen mit dem Niederrhein ist die Maas nicht allzu breit. Bei scharfem Frost kann das Wetter auch nicht wolkig gewesen sein. Sofort nach der Landung will sich Major Reinberger in ein Gebüsch geschlagen haben, um die Dokumente zu verbrennen. Da seien bereits belgische Soldaten herbeigelaufen, die das Feuer löschten und ihn abführten. Ein belgischer Offizier habe Reinberger an seinem Tisch Platz angeboten. Wie er sich abwandte, den Mantel abzulegen, soll Reinberger die auf dem Tisch liegenden Dokumente an sich gerissen und ins Kaminfeuer geworfen haben. Angesengt können sie gerettet werden, zusammen mit einer Michelin-Karte, auf der die im Raum von Dinant zu bombardierenden Abschnitte eingezeichnet sind. Noch am selben Abend wird dem belgischen General van Overstraeten der Vorfall gemeldet. Er läßt eine Zusammenfasssung der erbeuteten Papiere dem französischen Militärattaché in Brüssel, General Laurent, übergeben.   Laurent reist damit nach Paris. Dort fordert man die Originaldokumente an, um sie auf ihre Echtheit untersuchen zu können. Die Belgier kommen der Bitte nicht nach, sondern übergeben die Schriftstücke mit der Karte dem deutschen Botschafter in Brüssel. In einem Begleitschreiben an die Reichsregierung ersucht man um Aufklärung, was diese Pläne zu bedeuten hätten. Ribbentrop bezeichnet sie als theoretische Operationsstudien ohne praktische Bedeutung.

So gelassen nimmt man den Vorfall in Berlin durchaus nicht auf! Sieben Tage vor dem geplanten Angriff im Westen fallen die deutschen Operationspläne in die Hände des Gegners. Göring ist fassungslos. Er erwägt seinen Rücktritt. Dann gibt er General Kuhne Schuld, dem Major Reinberger untersteht. Canaris wird beauftragt, herauszufinden, was den Belgiern in die Hand gefallen sei. Er teilt mit — alles! Es sei Major Reinberger nicht gelungen, die mitgeführten Dokumente zu vernichten. General Wenninger wird beauftragt, mit dem Gefangenen zu sprechen. Er ist Militärattaché in Brüssel. In Belgien fragt Minister Spaak beim Generalstab nach. Der hofft, auf diese Weise mehr zu erfahren und erteilt Erlaubnis. Wenninger wird am 12. Januar, zehn Uhr morgens, zu Reinberger geführt. Während der Unterhaltung klopft er unaufhörlich mit dem Bleistift auf den Tisch, die Abhöranlagen zu stören. Danach kehrt er nach Berlin zurück und berichtet, Major Reinberger habe ihm versichert, daß das Kuriergepäck bis auf einige handtellergroße Papierreste verbrannt worden sei. Das ist gelogen, und Truppenbewegungen lassen erkennen, daß die Belgier über alle deutschen Angriffspläne unterrichtet sein müssen. Daraufhin verschiebt Hitler den Angriff auf das Frühjahr. ‚Fall Gelb' muß aufgegeben werden.

‚Fall Gelb' ist ein umstrittener Angriffsplan gewesen. General von Manstein hielt ihn für verheerend falsch. Er hatte seine Bedenken bereits in einer Denkschrift niedergelegt, die er auf dem Dienstweg an Halder weiterleitete. Dieser läßt sie auf seinem Schreibtisch liegen. Auf einem Bankett in Berlin, das Hitler zu Ehren neuernannter Generale gibt, nähert sich ihm General von Manstein, um ihm seinen Plan eines überraschenden Panzerangriffs in den Ardennen mit Vorstoß bis zur Somme

14

vorzutragen. Die Franzosen würden wegen der schlechten Eisenbahnverbindungen im Ardennenabschnitt nur schwache Verteidigungslinien vorsehen. Hitler ist von dem Plan begeistert und arbeitet auf dieser Grundvorstellung selbst einen Operationsplan aus, den eine Woche später das Oberkommando der Wehrmacht zu Ende führen muß.

Da lenkt Canaris Hitlers Aufmerksamkeit auf Norwegen. Er wisse aus London, daß britische Truppen unter dem Vorwand dorthin geschickt werden sollen, dem von der Roten Armee überfallenen Finnland zu Hilfe zu eilen. Hitler erteilt Weisung, einen militärischen Einfall für Dänemark und Norwegen vorzubereiten. Am selben Tag trifft der Unterstaatssekretär des amerikanischen Außenministers, Sumner Welles, in Berlin ein. Goebbels weist die Presse an, nur die knappe amtliche Nachricht darüber zu veröffentlichen. Dagegen läßt sich die britische Presse in besorgten Kommentaren aus. Churchill weiß jedoch von Roosevelt, daß sich dieser ein Alibi für seine Friedensreden verschaffen muß, damit er die Wahlen im November gewinnen kann. Außerdem ist Sumner Welles sowohl in London wie in Berlin für seine Deutschfeindlichkeit bekannt. Ribbentrop empfängt den Amerikaner. Dieser versichert ihm, seine Reise diene nur dazu, dem Präsidenten erst einmal Möglichkeiten für eine Friedensvermittlung aufzuzeigen. Auch Staatssekretär von Weizsäcker kann Sumner Welles sprechen. Er ersucht ihn, Präsident Roosevelt aufzufordern, sofort in den Konflikt einzugreifen, wenn der Kriegszustand anhalten sollte. Nachdem der Amerikaner auch noch mit Hitler, Heß und Göring gesprochen hat, darf auch Schacht mit ihm verhandeln. Er ersucht ihn um eine Einladung nach Amerika, damit er den Präsidenten selbst beraten könne. Sumner Welles lächelt verbindlich und verläßt Berlin, ohne eine andere Zusage zu machen als die, daß jeder deutsche Vorstoß die Vereinigten Staaten an die Seite der Demokratien schlagen werde.

Obwohl die Finnen bereits Mitte März vor der Roten Armee die Waffen strecken mußten, laufen am 8. April britische Schiffe mit Kurs auf Norwegen aus, um Finnland zu helfen. Am Morgen des darauffolgenden Tages überrollen deutsche Truppen und Panzerverbände die dänische Grenze, um im raschen Vormarsch das ganze Land zu besetzen. Der am selben Tag geführte Angriff auf Norwegen stößt auf unvorhergesehenen Widerstand. Vor der norwegischen Küste gehen drei deutsche Kreuzer und zehn Zerstörer verloren. Die britischen Schiffsverluste liegen etwa gleichhoch, treffen die britische Admiralität jedoch weniger hart als die wesentlich kleinere deutsche Kriegsmarine. Nur in Narvik können sich die britischen Truppen festsetzen. Zeitweilig wird die Lage für Generalmajor Dietl so kritisch, daß ihm Hitler anheimstellt, mit seinen

Truppen notfalls nach Schweden auszuweichen, um sich dort internieren zu lassen.

Der amerikanische Geheimdienst versucht inzwischen, die sowjetische Regierung unter Druck zu setzen. Ein offener Brief Trotzkis an die Arbeiter der Sowjetunion findet auffallend starke Verbreitung. „Das Ziel der Vierten Internationale liegt in der Ausbreitung der Oktoberrevolution über die ganze Welt und in der Wiederbelebung der Sowjetunion durch ihre Säuberung von einer parasitären Bürokratie. Das kann nur auf einem Wege erzielt werden — durch den Aufstand der Arbeiter, Bauern, Rotarmisten und Matrosen gegen die neue Kaste der Unterdrücker und Parasiten." Solche Vorstöße machen Stalin zu schaffen, denn sein Ansehen ist schlecht. Kein Wunder, daß alle Bemühungen bisher scheiterten, die einverleibten Ostpolen so schnell wie möglich zu sowjetisieren. Nur ein kleiner Teil der polnischen Kriegsgefangenen konnte bewegt werden, in die Rote Armee einzutreten. Bei den polnischen Offizieren stößt man durchweg auf Ablehnung. Darum sollen sie erschossen werden. Wochenlang rollen Eisenbahnzüge zu dem kleinen Bahnhof Gniesdowa, voll beladen mit polnischen Offizieren. Von dort werden sie mit Wagen in die Wälder von Katyn gefahren. Etwa fünfzehntausend Offiziere. Man nimmt ihnen die Trauringe und Taschenmesser, Uhren, Rubel und Pässe ab. Durch Genickschuß werden sie getötet und in Massengräber verscharrt, von denen das größte zweieinhalbtausend Leichen aufnehmen muß, zwölffach übereinandergeschichtet. Danach bepflanzt man die Mordstätte mit jungen Kiefern.

Die in Paris gebildete polnische Exilregierung unter General Sikorski fragt immer drängender bei der sowjetischen Regierung um Erlaubnis an, die Kriegsgefangenenlager aufsuchen zu dürfen, damit man Gewißheit über das Schicksal der vermißten polnischen Offiziere und Mannschaften bekomme. Molotow gibt keine Antwort. Was schert ihn ein Sikorski! Um den gefährlicheren Trotzki loszuwerden, läßt Stalin zum 1. Mai 20 000 Kommunisten in Mexiko-City aufmarschieren. ‚Raus mit Trotzki!'

In den Morgenstunden des 10. Mai startet die deutsche Luftwaffe zum Luftlandeangriff gegen Rotterdam und Den Haag. Jedes Transportflugzeug führt ein Segelflugzeug im Schlepp, in denen je neun Mann mit Waffen und Gerät sitzen. Es ist halb vier. Ein holländischer Sergeant weckt den Prinzen Bernhard der Niederlande. „Die Deutschen rücken über die Grenze ein! Bomber sind auf dem Weg nach Den Haag!" Bernhard stürzt in die Uniform und läuft in den Luftschutzkeller, wo die königliche Familie in Erwartung des Angriffs die Nacht verbrachte. Er brüllt ihr die Nachricht zu. Bald hört er den Motorenlärm anfliegender Geschwader. Da kommt es dem Prinzen plötzlich in den Sinn, zwei

16

Stunden lang mit seiner Maschinenpistole nach den deutschen Flugzeugen zu schießen. Ohne Ergebnis. Er geht in den Bunker, um sich zu rasieren und anzukleiden. Da hört er seinen Sergeanten aufjubeln. Zu seinem Ärger hört er, daß dieser ein Flugzeug abgeschossen hat. Prinz Bernhard läuft zu seiner königlichen Schwiegermutter und klagt: „Es bedrückt mich schrecklich, daß ich nicht länger oben geblieben bin; denn dann hätte ich es zu packen gekriegt!"

Fast auf den Tag genau, da der deutsche Angriff im Westen beginnt, unterliegt Chamberlain bei einer Vertrauensabstimmung im Unterhaus. Churchill bildet eine neue Regierung, in der Mitglieder aller im Parlament vertretenen Parteien vertreten sind. Dann überführen britische Zerstörer die niederländische Königsfamilie samt deren Gold nach London. In Begleitung der Kronprinzessin befindet sich Prinz Bernhard. Selbstverständlich, sagt er, werde er sofort nach Holland zurückkommen, sobald die königliche Familie in Sicherheit gebracht sei. ‚Widrige Umstände' halten ihn dann davon ab. Der niederländische Oberbefehlshaber, General Winkelman, sucht um Waffenstillstand nach. Hitler lehnt ab und fordert bedingungslose Kapitulation bis zum 14. Mai. Am Morgen jenes 14. schicken die Deutschen einen Parlamentär nach Rotterdam, die Stadt zur Übergabe aufzufordern. Auf der südlich über die Maas führenden Brücke harrt seit fünf Tagen eine Kompanie deutscher Luftlandetruppen aus, damit sie nicht von den Holländern gesprengt werden kann. Denn General von Küchler soll über diese Brücke mit der 18. Armee vorrücken. Die Männer auf der Brücke verbrauchten schon ihre letzten Wasservorräte. Sie würden sich nur noch Stunden halten können. Die Übergabeverhandlungen mit dem niederländischen Kommandanten sind noch im Gange, als deutsche Sturzkampfbomber Befehl zum Angriff auf Rotterdam erhalten. Welle auf Welle fliegen die Stukageschwader an, setzen zum Sturzflug an und laden ihre Bomben ab. Die Niederländer haben bereits die bedingungslose Kapitulation ausgesprochen. Es blieb ungeklärt, warum der Angriffsbefehl nicht zurückgezogen wurde. Achthundert Menschen kommen in Rotterdam ums Leben, was nach dem Kriege amtlich in den Niederlanden bestätigt wird. Präsident Roosevelt gibt jedoch die Zahl der in Rotterdam zu Tode gekommenen Personen mit fünfundzwanzig- bis dreißigtausend an. Noch in den fünfziger Jahren ist diese Lüge in der Encyclopaedia Britannica nachzulesen.

Die Lüge hilft Präsident Roosevelt, am 16. Mai 1940 die Gesetzesvorlage im Kongreß durchzubringen, den amerikanischen Flugzeugbau auf fünfzigtausend Maschinen im Jahr zu erhöhen. Premierminister Churchill ersucht ihn, für die Vereinigten Staaten den Zustand der Nichtkriegführung anstelle den der Neutralität zu verkünden. „Das bedeutet, daß Sie uns mit allem unterstützen würden, außer durch den eigenen Einsatz bewaffneter Streitkräfte!" Er bittet ihn auch, ihm vierzig bis fünfzig Zerstörer älteren Typs zu überlassen. Roosevelt selbst legt seine außenpolitischen Grundsätze in einem Gespräch mit Homer S. Cummings dar, dem ehemaligen Generalbundesanwalt: ‚In der gegenwärtigen Kriegslage werde ich jeden Kniff anwenden, um unter Umgehung des Neutralitätsgesetzes die Alliierten mit jeder nur möglichen materiellen Hilfe zu versorgen. Sollte der Krieg so lange dauern, daß es möglich wird, die amerikanische Rüstungsindustrie in vollen Betrieb zu setzen und die Armee auszubauen, werde ich sie auf Seiten der Alliierten einsetzen. Sollte der Krieg jedoch bald mit der Niederlage Frankreichs und Englands enden, dann wird Amerika zwei Jahre lang freundschaftliche Beziehungen zu Deutschland unterhalten und inzwischen ohne Rücksicht auf Kosten aufrüsten. Greift Deutschland aber Kanada an oder die westindischen Besitzungen Englands oder Frankreichs, würde dies sofort den Krieg mit Deutschland auslösen, ohne Rücksicht auf den Stand der amerikanischen Rüstung.'

Wenige Tage nach diesem Gespräch, am 15. Juni, bricht die französische Front zusammen. Deutsche Truppen ziehen in Paris ein. Hitler erteilt die Weisung, das deutsche Heer auf hundertzwanzig Divisionen zu verringern. Den Krieg gegen England müßten Kriegsmarine und Luftwaffe führen. Hitlers größte Sorge ist Amerika. Wenn Roosevelt als Präsident nicht wiedergewählt wird, kann England den Krieg nicht weiterführen. Durch den Geschäftsführer der deutschen Botschaft in Washington läßt die Reichsregierung ganzseitige Anzeigen in amerikanischen Zeitungen einrücken, die dazu aufrufen, sich nicht in den Krieg einzumischen. Roosevelt hat sich im eigenen Land viele Feinde gemacht. Gewerkschaftsvorsitzender Lewis möchte für die Demokratische Partei den Senator Burton Wheeler als Präsidentschaftskandidaten durchsetzen. Er spricht sogar in Chikago vor den Anhängern Roosevelts und wirft ihrem Kandidaten vor, Flaute und Arbeitslosigkeit zu einem Dauerzustand in Amerika gemacht zu haben. Er bezeichnet ihn als Kriegshetzer und Möchtegern-Diktator. Immer heftiger werden seine Angriffe gegen ihn.

In Europa wird täglich die Kapitulation Frankreichs erwartet. Churchill bedrängt den Freimaurer Darlan, als Chef der französischen Flotte sämtlichen Kriegsschiffen Befehl zu erteilen, einen britischen, amerikanischen oder afrikanischen Hafen anzulaufen, damit sie Frankreich erhalten blieben. Darlan verspricht, die Flotte unter keinen Umständen an die Deutschen auszuliefern. Doch am Morgen des 17. Juni bildet Marschall Pétain eine neue Regierung, in der Darlan das Amt des Marineministers übernimmt. Als erste Amtshandlung teilt Pétain den Franzosen mit, daß Frankreich nun die Waffen niederlegen müsse. Er habe bereits die deutsche Regierung von diesem Entschluß verständigt. In Paris beschließt der Oberste Rat des Großorients von Frankreich, aus Rache für den Verrat Englands und Amerikas am gemeinsamen Kampf gegen Deutschland, nun Deutschland eine Waffenbrüderschaft gegen England anzubieten. Deutsche Offiziere, die den altpreußischen Logen angehören, werden von französischen Freimaurern brüderlich empfangen. Überraschend schnell gelingt es der neuen Regierung, nachdem sie am 22. Juni den Waffenstillstand unterzeichnet, alle wichtigen Ämter in Behörden und Verbänden mit jenen Würdenträgern der Logen zu besetzen, die zu einer Zusammenarbeit mit Deutschland bereit sind.

Admiral Canaris unterstützt Hitlers Abneigung gegen eine Invasion Englands. Er verstärkt auch dessen Zweifel an die Zuverlässigkeit des deutsch-sowjetischen Freundschaftspaktes. Schon damals, im Frühjahr 1938, als die Großloge von England ihren deutschen Logenbrüdern noch von der Verpflichtung Deutschlands sprach, Bollwerk gegen die Sowjetunion zu sein, hatte er Hitler dazu bewegt, ausgesuchte ostdeutsche Hitlerjungen mit baltischem Einschlag in einem geheimen Sonderschulungslager dazu auszubilden, als sowjetische Elitetruppe in den Hauptbefestigungsanlagen der Roten Armee Sabotage zu betreiben. In diesem Augenblick ist die Ausbildung noch nicht beendet, doch sind von den über sechshundert Jungen kaum dreihundert übriggeblieben. Nordöstlich von Elbing werden sie in einem entlegenen Barackenlager der Akademie für Psychologie, Abteilung angewandte Kriegsführung, in russischen Uniformen darauf gedrillt, Russen zu sein. Aus den Fünfzehnjährigen sind inzwischen Achtzehnjährige geworden. Canaris möchte Hitler an diese Aufgabe des Kreuzzugs gegen den Bolschewismus binden. Er legt ihm alle Einzelheiten über die sowjetische Aufrüstung vor. Er sagt ihm, daß die Hauptvorratslager der Roten Armee und der Mobilmachungsreserven dicht hinter der neuen Staatsgrenze angelegt würden, was auf einen Überraschungsangriff schließen lasse. Ein Raketenwerfer werde bereits in Serien hergestellt. Im kommenden Jahr würden über fünftausend schwere Panzer vom Typ T 34 gebaut. Er legt ihm Agentenberichte vor, die zuverlässig von sowjetischen Angriffsabsichten für Juli, spätestens August 1941 berichten. Auffallend bereitwillig werden im Oberkommando des Heeres Überlegungen über einen Ostkrieg angestellt. Ende Juni fordert die Sowjetunion von Rumänien in einem Ultimatum, rumänische Gebiete in der Größe Dänemarks abzutreten. England, das Rumäniens Unantastbarkeit garantierte, verhält sich still. In Deutschland darf über den Einmarsch sowjetischer Truppen in Bessarabien und die nördliche Bukowina nicht einmal berichtet werden.

Doch läßt Hitler bereits fünfzehn, dann vierundzwanzig Divisionen an die deutsche Ostgrenze verlegen, darunter sechs Panzerdivisionen und drei motorisierte Divisionen, die auf Angriffsabsichten schließen lassen.

Anfang Juli 1940 meldet sich der Generalstabsoffizier Erich Helmdach bei General Halder. Dieser deutet dem Major an, daß, nach der allgemeinen Lage, Fragen eines Ostkrieges auf sie zukommen könnten. Jedoch sei überhaupt nicht darüber zu sprechen. Ins Tagebuch schreibt Halder am 3. Juli: ‚Es werden Überlegungen über einen Ostkrieg angestellt'. Er selbst scheint dabei die treibende Kraft, denn erst drei Wochen später bekommt sein Vorgesetzter, General von Brauchitsch, durch Hitler die Weisung, das russische Problem in Angriff zu nehmen. Es ist, als lenke von nun an eine anonyme Hand politischer Falschspieler die deutsche Kriegsführung, um sie von ihrem eigentlichen Ziel, der erst am 16. Juli durch Hitler befohlenen Vorbereitung eines Landeunternehmens gegen England, abzubringen. Inzwischen hat sich die Sowjetunion auch die baltischen Staaten Litauen, Estland und Lettland einverleibt. Hitler ahnt, wie sich die Engländer an die Hoffnung klammern, daß sich ihre militärische Lage durch einen Krieg Deutschlands mit der Sowjetunion grundlegend verändern könne. Er will darum England zuerst erledigen, um danach die Sowjetunion anzugreifen. Alles hänge davon ab, Amerika aus dem Krieg zu halten.

Wieder nimmt die Reichsregierung in der Schweiz Verbindungen mit der britischen Regierung auf, um über eine Beilegung des Konflikts zu verhandeln. Aber nicht einmal die Aussicht, den Krieg auf einen deutsch-sowjetischen Zweikampf umzubiegen, kann Churchill jetzt noch umstimmen. Am 13. August beginnt die Luftschlacht über England, durch die das Land sturmreif gemacht werden soll. Noch am 20. August trifft Hitler die Entscheidung, daß die Vorbereitungen für eine Landung in England für die deutsche Rüstungsindustrie an oberster Stelle stehen müßten. So kann der in Kriegsspielen bereits stattfindende Ostfeldzug rüstungsmäßig gar nicht vorbereitet werden.

Sogar Mussolini bekommt den Eindruck, als könne es noch zu einer deutsch-britischen Verständigung kommen. Er ist immer gegen den Krieg gewesen, aber jetzt, nachdem Deutschland glänzende Siege errungen und Italien noch keine einzige Schlacht geschlagen hat, erscheint ihm ein Teilfrieden ehrlos. Darum schickt er seinen Schwiegersohn Ciano zu Ribbentrop, um endlich Hitlers Zustimmung für einen Angriff auf Griechenland oder Jugoslawien zu bekommen. Ribbentrop rät dem italienischen Außenminister von allen Überfällen in Südosteuropa ab. Ein Krieg in diesem Raum sei unerwünscht, denn er müsse die Engländer zum äußersten herausfordern. Mussolini möchte jedoch Mehrer des italienischen Imperiums sein. Immer mehr Truppen läßt er nach Albanien schicken, um von dort einen Blitzkrieg gegen Griechenland zu führen.

Zu dieser Zeit macht sich in Stockholm ein sechsundzwanzigjähriger Mann, der den Namen Willy Brandt annahm, Gedanken ‚Zur Nachkriegspolitik der deutschen Sozialisten‘. Seitdem Norwegen von den Deutschen besetzt ist, arbeitet er hier im Parteibüro der Sozialistischen Arbeiterpartei, das der Altkommunist August Eberle leitet. Mit ihm ist er seit langem befreundet, und Eberle hält viel von Brandt, der sich ganz seiner Idee anschloß, die Sowjetunion in ihrer Entwicklung zu einer neuen Art Demokratie zu unterstützen. Drüben in England versucht sich gerade Prinz Bernhard der Niederlande nützlich zu machen. Er bietet dem englischen König seine Dienste an. König Georg läßt den neunundzwanzigjährigen Prinzen zu sich kommen. „Ich weiß, daß Sie sich gerade jetzt einsetzen möchten. Für was darf ich mich für Sie verwenden?“ — „Ich bin bereit, alles zu tun, sei es, was es wolle!“ — „Wären Sie bereit, in unseren Geheimdienst übernommen zu werden? Bei Ihren Kenntnissen vom Land und von den Leuten, bei Ihren Sprachkenntnissen, könnten Sie dort gewiß wertvolle Dienste leisten.“ Bernhard findet den Vorschlag großartig, und König Georg versichert ihm, daß er von ihm hören werde. Nun wartet er auf seine Berufung. Aber sie kommt nicht. Er spricht im Sekretariat des Königs vor. „Was liegt gegen mich vor? Warum höre ich nichts von der Berufung?“ Der Beamte druckst. Endlich rückt er mit der Sprache heraus: „Das Kriegsministerium möchte keinen Gebrauch von Ihren Diensten machen, Königliche Hoheit, weil Sie Deutscher sind. Seine Majestät hat sein bestes für Sie zu tun versucht, konnte sich jedoch nicht durchsetzen.“ Prinz Bernhard war nicht nur Deutscher, er ist auch in der SS gewesen, bevor er durch Heirat zum Prinzen der Niederlande wurde. „Ich verstehe“, sagt er. Nun meldet er sich zur britischen Luftwaffe. Ein Freund will sich für ihn verwenden. Aber auch das britische Luftfahrtministerium läßt ihm mitteilen, daß es auf seine Dienste verzichten möchte. Sein Antrag ist dem britischen Luftmarschall vorgelegt worden, der ihn mit den Worten beiseiteschob: ‚Ein Leopard wechselt seine Farbe nicht!‘

In England erwartet man die deutsche Invasion. Nur jetzt keine unzuverlässigen Männer in Dienst nehmen! Am gefährlichsten erscheint eine deutsche Truppenlandung im Süden, weil dann die Invasion nicht rechtzeitig entdeckt würde, um von See her oder aus der Luft abgewehrt zu werden. Dennoch möchte das Parlament von Churchills Vorschlag nichts wissen, den Amerikanern acht britische Inseln und Landstreifen an der amerikanischen Ostküste auf neunundneunzig Jahre zu verpachten, um dafür fünfzig alte Zerstörer aus dem ersten Weltkrieg zu bekommen.

21

Roosevelt hat einen solchen Tausch vor dem Kongreß als ein Gelegenheitsgeschäft dargestellt. Er ist seit Monaten entschlossen, die alten Zerstörer nach England zu schicken. Britische Besatzungen, sie zu übernehmen, stehen schon bereit. Er möchte sich nur nicht den Kongreß verärgern, der ihm viel Geld bewilligen soll, mehr Waffen, Munition und Flugzeuge für die amerikanischen Streitkräfte einzukaufen. Doch sogar im Generalstab ist man gegen die Übergabe der Zerstörer an die Briten, weil man mit der militärischen Niederlage Englands rechnet.

In Amerika liest man viel vom Krieg und lebt im Frieden. Der fünfundzwanzigjährige David Rockefeller bereitet mit seiner Braut Peggy alles für die Hochzeit vor, die in gut zwei Wochen das gesellschaftliche Ereignis der Ostküste werden soll. Allen Jünglingen der feinen Jachtklubs und Polovereine sollen die Augen überlaufen! Peggy ist ein hübsches Mädchen. Ihre Eltern wissen sich vor Stolz kaum zu lassen: „Unsere Peggy bekommt einen Rockefeller zum Mann!" Weniger rosig geht es dem siebzehnjährigen Henry Kissinger. Er mußte zur Abendschule überwechseln, um tagsüber Geld zu verdienen. Vater und Mutter verdienen zu wenig, dem Jungen auch noch ein Taschengeld zu geben. Nun arbeitet er als Laufbursche in einer Rasierpinselfabrik von Manhattan. Er möchte einmal Buchhalter werden. Das ist der Beruf, von dem ihm der Vater schwärmend sagt, daß darin ein Ausländer immer noch am leichtesten unterkommen könne. Da ereignet sich unten im sonnigen Mexiko ein schreckliches Verbrechen. Die New Yorker Zeitungen stehen voll davon.

Seit einer Woche wohnt im mexikanischen Hotel Montejo ein Agent Sudaplatows, der das Büro Nr. 1 der sowjetischen Geheimen Staatspolizei im westlichen Ausland leitet. Mit Frau und einem kanadischen Paß ließ er sich als Frank Jacson in die Hotelliste einschreiben. Er heißt auch Jacques Monard und Ramon Mercader. Im Hotel spricht er zu niemand, und an diesem Morgen verläßt er es schon früh, um zur amerikanischen Botschaft zu gehen. Er möchte für sich und die Frau, die nur seine Freundin ist, ein Visum besorgen. Mürrisch kehrt er gegen Mittag zurück. Trotzki schreibt gerade an einem Bericht über Stalins Machenschaften gegen ihn. Um fünf nimmt er mit Natalie Sedowa und anderen Bewohnern seines zur Festung ausgebauten Hauses Tee ein. Danach geht er in den Garten, die Kaninchen füttern. Hansen, seine erster Sekretär, hält auf dem Dach des Haupteingangs Wache. Er sieht einen Wagen ankommen, in dem er Jacson erkennt. Jacson parkt das Auto diesmal anders als sonst, so, daß es in Richtung Stadt zu stehen kommt. Offenbar will er nicht lange bleiben. Hansen öffnet ihm das doppelte, elektrisch betriebene Tor und läßt ihn durch einen Genossen zu Trotzki bringen. Natalie wundert sich, weil dieser häufige Besucher an diesem sonnigen Tag Hut und Mantel bei sich trägt. Er überreicht Trotzki ein Manuskript, um dessen Meinung darüber zu hören, weil er morgen nach New York fahre. Ob er etwas dorthin mitzunehmen habe. Trotzki führt seinen Besucher ins Arbeitszimmer, setzt sich an den Schreibtisch und liest. Neben seiner Hand liegt eine Maschinenpistole, falls Stalin den Überfall wiederholen lassen sollte. Jacson legt den Mantel aus der Hand, unter dem er einen Eispickel verborgen hielt, und holt zum Schlag aus. Wie vom Wahnsinn befallen, springt Trotzki auf, brüllt vor Schmerzen und beißt dem Angreifer wie verrückt in die Hand. Natalie stürzt herein, versucht, dem blutenden Trotzki zu helfen. Zwei Wächter, die mit ihr herbeieilten, werfen sich auf Jacson und schlagen ihn nieder. Trotzkis Kopfverletzung scheint zunächst nicht schwer zu sein. Mit Natalies Hilfe kann er schwankend das Zimmer verlassen. Dann bricht er zusammen. Behutsam behandelt Natalie den blutüberströmten Kopf mit Eis. Bis der Krankenwagen kommt, der Trotzki ins Krankenhaus schafft, wo er am Abend des folgenden Tages stirbt. Goebbels ordnet an: ,,Über diesen Mord ist nur die Meldung zu bringen, daß der Jude Trotzki gestorben sei'.

Winston Churchill verfolgt bei einer guten Zigarre und im Schutz dikker Betonwände des Luftfahrtministeriums die deutsche Luftschlacht über London. Er ist guten Mutes, denn er weiß über die weitgesteckten strategischen Planungen im deutschen Generalstab. Zeit gewinnen, heißt für ihn nun, den Krieg gewinnen. Deutschlands verwundbare Stelle scheint ihm im Verlust an Flugzeugführern zu liegen. Jede über England abgeschossene Maschine bedeutet den Verlust des fliegenden Personals. Darum gibt er Befehl, die Rettungsflugzeuge des Deutschen Roten Kreuzes, sollten sie versuchen, in Seenot geratene deutsche Flieger zu retten, sofort zu beschießen. Was kümmert ihn die Genfer Konvention! Wer siegt, wird auch gerechtfertigt sein. ,,Wenn diese Invasion überhaupt versucht werden sollte, kann sie nicht mehr lange hinausgezögert werden", sagt er am 11. September in einer Rundfunkansprache. ,,Darum müssen wir die nächsten Wochen als die wichtigste Periode in unserer Geschichte ansehen." Die Zeit verstreicht. Allein im August und September verliert die deutsche Luftwaffe über zwölfhundert Flugzeuge.

Churchill hat größere Sorgen als den Luftkrieg oder die deutsche Invasion. Für ihn hängt alles von der Wiederwahl Roosevelts ab! Auch Göring weiß, was für Deutschland von den Wahlen in Amerika abhängt. Er läßt darum die Propagandaabteilung des deutschen Geschäftsträgers in Washington mit denen der amerikanischen Roosevelt-Gegner Davis und Lewis zusammenlegen. Gemeinsam verbreiten sie unter der amerikanischen Bevölkerung eine Kriegspanik wie noch nie! ,,Präsident Roosevelt wird jeden vierten amerikanischen Jungen unterpflügen!" ruft Senator Wheeler auf einer Versammlung aus. Man verbreitet sogar Falschmeldungen wie diese: „Amerikanische Jungen werden bereits eingeschifft!" Die Leiter jüdischer Organisationen bedrängen Roosevelt, die eindeutige Garantieerklärung vor der Öffentlichkeit abzugeben, daß kein Amerikaner in den Krieg müsse. Nach den Wahlen könne man tun was man wolle, nur müsse man die Wahlen erst gewinnen! Ärgerlich gibt Roosevelt dem Drängen nach. „Und während ich zu euch Müttern und Vätern spreche, gebe ich euch noch eine weitere Versicherung: ich habe es schon einmal gesagt und ich werde es wieder und wieder sagen: eure Söhne werden nicht in ausländische Kriege geschickt werden." Trotzdem ergeben Meinungsumfragen, daß sich mehr Amerikaner für den Kandidaten der Republikaner als für Roosevelt aussprechen. Gewerkschaftsvorsitzender Lewis läßt bei dreihundertzweiunddreißig amerikanischen Rundfunkanstalten, darunter den drei größten, Sendezeiten für sich bestellen. Die Kosten dafür werden zum großen Teil von der deutschen Botschaft bezahlt. Fünfundzwanzig Millionen Amerikaner hören dann seiner Ansprache zu, hören, was er über Roosevelt sagt. „Sein Ziel ist der Krieg. Deshalb würde ich, wenn er wiedergewählt wird, dieses Abstimmungsergebnis als Mißtrauensvotum gegen mich betrachten und mein Amt als Präsident des Kongresses der Industriegewerkschaften auf der Tagung im November zur Verfügung stellen." Dann greift sogar Ribbentrop in den amerikanischen Wahlkampf ein. Aus den Archiven des polnischen Außenministeriums veröffentlicht er den Bericht des polnischen Botschafters in Washington, daß Präsident Roosevelt bereits im März 1939 erklärt habe, die Alliierten in Europa bei einem möglichen Krieg uneingeschränkt zu unterstützen. Dies weise ihn als Kriegstreiber aus und widerlege seine heuchlerischen Friedensbeteuerungen. Nur eine Wochenschrift, die als Skandalblatt berüchtigt ist, findet sich bereit, diese Nachricht gegen 5000 Dollar unter der Schlagzeile zu bringen: ‚Roosevelts Vorbereitungen für den Kriegseintritt'. Auf ein paar Tage erregt die Meldung Aufsehen. Dann kann sie abgebogen werden.

Am 5. November wird Roosevelt mit 27 Millionen Stimmen wiedergewählt. Der Gegenkandidat Willkie bringt es auf 22 Millionen. Churchill telegrafiert: „Ich hoffe, daß Sie es mir nicht übelnehmen, wenn ich sage, daß ich für Ihren Sieg gebetet habe und daß ich mich ehrlich dankbar für ihn empfinde." Bisher kaufte England für viereinhalb Milliarden Dollar in Gold, Auslandsguthaben und veräußerter Besitzungen in Amerika Waffen ein. Der britische Finanzminister Simon warnt bereits seit Monaten vor dem Ausverkauf an Dollarguthaben und Goldvorräten. Doch der britische Botschafter in Washington versichert Churchill, daß Präsident Roosevelt den Minister Morgenthau ersucht habe, nach Möglichkeiten für umfangreichere Waffenlieferungen zu suchen. Darum werde nun ein Leih- und Pachtabkommen vorbereitet.

Hitler gibt bereits die Weisung Nr. 18 für die Kriegsführung heraus: „Politische Besprechungen mit dem Ziel, die Haltung Rußlands für die nächste Zeit zu klären, sind eingeleitet. Gleichgültig, welche Ergebnisse diese Besprechungen haben werden, sind alle schon mündlich befohlenen Vorbereitungen für den Osten fortzuführen. Weisungen werden folgen, sobald die Grundzüge des Heeres mir vorgetragen und von mir gebilligt sind." Er sieht noch eine Möglichkeit, den Ostfeldzug zu vermeiden — indem die Sowjetunion dem Dreimächtepakt mit Italien und Japan beitritt. Der sowjetische Regierungsvorsitzende Molotow wird nach Berlin eingeladen. Ribbentrop empfängt ihn überaus herzlich, was auf Molotow keinen Eindruck macht. „England ist bereits geschlagen", behauptet Ribbentrop. „Wenn sich die Briten nicht sofort zum Eingeständnis ihrer Niederlage entschließen, werden sie bestimmt im nächsten Jahr um Frieden bitten." Jetzt gehe es darum, die politischen Einflußgebiete neu festzusetzen. Deutschland wolle sich seinen Lebensraum im Süden suchen, ob Rußland sich nicht auch nach Süden wenden wolle, um einen Zugang zum Meer zu bekommen. Molotow kann gar nicht so schnell folgen. „Was für ein Meer haben Sie denn eigentlich eben gemeint? Und was bedeutet eigentlich großasiatischer Raum?" Ribbentrop versichert, daß dieser Begriff nichts mit dem russischen Einflußgebiet zu tun habe. Molotow nickt. „Die Einflußgebiete müssen überhaupt genauer festgelegt werden! Wir wollen uns in erster Linie mit Deutschland verständigen, danach mit Japan und Italien." Molotow wird von Hitler empfangen. „Gibt es eigentlich noch das deutsch-sowjetische Abkommen von 1939 über Finnland?" will Molotow von ihm wissen. Und: „Was hat es mit der Neuen Ordnung in Europa und Asien auf sich und welche Rolle soll die Sowjetunion dabei spielen?" Hitler bietet Molotow für einen Beitritt der Sowjetunion zum Dreimächtepakt südasiatische Gebiete des britischen Weltreichs als Landgewinn an. Der eigensinnige Molotow beharrt auf europäische Fragen: „Was würden Sie sagen, wenn wir Bulgarien eine ähnliche Garantie gäben wie Sie sie Rumänien gegeben haben, und zwar unter denselben Bedingungen, der Entsendung einer starken Militärmission?" Listig fragt Hitler zurück, ob ihn denn die Bulgaren darum gebeten hätten, wie das bei uns die Rumänen taten?

Hitler muß einsehen, daß die sowjetische Regierung nicht am Krieg gegen England teilnehmen will. Marschall Pétain lehnte bereits zwei Wochen vorher für Frankreich ein deutsch-französisches Kriegsbündnis gegen England ab. Jetzt fällt Hitler die Entscheidung, daß die deutsche Rüstungsindustrie auf den geplanten Ostfeldzug umzustellen sei. Die unter dem Decknamen Seelöwe geplante Landung in England wird endgültig aufgegeben. Brauchitsch und Halder können bereits ihren Operationsplan für den Angriff auf die Sowjetunion vortragen, der den Decknamen Barbarossa trägt. Um ihn geheimzuhalten, werden Falschmeldungen verbreitet, die auf die Vorbereitung einer Landung in England schließen lassen sollen. Churchill fürchtet sogar einen Gasangriff.

Trostlos beginnt das Jahr 1941 für England. Viele fürchten, daß bei den ständigen Luftangriffen von London nichts übrig bleiben werde. Am 10. Januar kommt ein Mann auf Besuch zu Churchill, der seit acht Jahren Roosevelts geheimnisvoller Ratgeber ist. Er heißt Harry Hopkins und gehört einer sozialanarchistischen Freimaurerloge an. „Der Präsident ist entschlossen, daß wir den Krieg gemeinsam gewinnen. Er hat mich hierhergeschickt, Ihnen mitzuteilen, daß er Sie durchbringen werde, koste und gehe es wie es wolle, gleichgültig, was aus ihm selber werde. Es gibt nichts, das er nicht tun wird, soweit es in seiner menschlichen Macht steht." Er überbringt Churchill die Nachricht vom Pacht-Leih-Vertrag. Alles, was England zur Kriegsführung brauche, könne es in Amerika ausleihen oder pachten, also bekommen, ohne die letzten eigenen Dollarbestände anzutasten oder Anleihen aufzunehmen. Allerdings müsse England alles in Südafrika verfügbare Gold übergeben und ein britisches Großunternehmen in Amerika zum Verkauf anbieten.

Roosevelt macht den Amerikanern bereits das für ein neutrales Land ungesetzliche Pacht-Leih-Gesetz schmackhaft. „Angenommen, das Haus meines Nachbarn fängt Feuer und der Nachbar kommt zu mir gestürzt und bittet, daß ich ihm meinen Gartenschlauch zum Löschen leihe. Was soll ich da tun? Ich kann ihm nicht sagen: ‚Nachbar, der Gartenschlauch kostet mich fünfzehn Dollar; du mußt mir fünfzehn Dollar dafür geben.' Nein! Worum geht es denn hier? Ich will keine fünfzehn Dollar von meinem Nachbar, sondern ich möchte meinen Gartenschlauch zurück, nachdem er das Feuer gelöscht hat." Doch vor dem Kongreß stößt der Gesetzentwurf auf Widerstand. Schließlich geht es nicht um fünfzehn Dollar, sondern um 49 Milliarden. Gegner Roosevelts machen den Amerikanern klar, daß ein solches Gesetz bereits in sich eine Kriegshandlung darstelle. Auch müßten zum Schutz der amerikanischen Frachtschiffe die Kriegsschiffe über den Atlantik geschickt werden. Morgenthau greift in die Debatte ein. Wenn das Gesetz nicht angenommen werde, könne England den Krieg nicht fortführen. Dann seien die Vereinigten Staaten direkt bedroht. Ein Krieg sei danach nicht mehr auszuschließen.

Roosevelt kennt bereits die deutschen Angriffspläne gegen Rußland. Weil sein Außenminister kein gutes Verhältnis zu Sowjetbotschafter Oumansky hat, beauftragt er Sumner Welles, diesem Mitteilung davon zu machen. Oumansky ist aber nicht der erste, der Stalin über deutsche Angriffspläne unterrichten kann. Der sowjetische Geheimdienst machte ihm bereits Mitteilung über die Truppenbewegungen in den deutschen Ostprovinzen. Doch noch stellt Deutschland eine Großmacht dar, der man den Endsieg zutraut. Anfang März tritt Bulgarien dem Dreimächtepakt bei, dem bereits Ungarn, Rumänien und die Slowakei beigetreten sind. Nun können deutsche Truppen zusammen mit der bulgarischen Armee einen Angriff auf Griechenland vorbereiten, gegen das Italien seit vorigen Herbst erfolglos Krieg führt.

Der jugoslawische Prinzregent Paul kommt Hitler auf dem Berghof besuchen. Denn Jugoslawien ist bereit, dem Dreimächtepakt beizutreten. Tags zuvor hatte der amerikanische Botschafter in Belgrad den Prinzregenten noch von dieser Reise abzuhalten versucht. Churchill ahnt Böses und schickt seinen neuen Außenminister Eden nach Griechenland, um mit General Papagos über die Lage zu sprechen. Der findet eine bedrückte Stimmung vor. Zwar konnten die griechischen Truppen die italienischen Angriffe aus Albanien zurückschlagen, aber nach Bulgarien und Jugoslawien hin liegt die griechische Grenze ungeschützt. Die in aller Eile aus Nordafrika herbeigeführten britischen Truppen sollen darum, so wie sie eintreffen, sofort an diese neue Front geführt werden.

Das sind schlechte Nachrichten für Churchill. Da kann ihm Harry Hopkins die Mitteilung machen, daß das Pacht-Leih-Gesetz soeben vom amerikanischen Kongreß verabschiedet worden sei. Über eine Milliarde Dollar habe Morgenthau sofort für Rüstungsaufträge bereitgestellt. Der Präsident werde weitere sieben Milliarden in Kürze freigeben können. Aus Tokio funkt der deutsche Zeitungskorrespondent Dr. Richard Sorge nach Moskau, daß in Berlin Angriffspläne für einen Krieg gegen die Sowjetunion vorbereitet würden. Dr. Sorge ist führendes Mitglied des sowjetischen Abwehrdienstes im Fernen Osten. Er wurde von dem Sohn des nationalsozialistischen Geheimbündlers, Professor Karl Haushofer, der deutschen Botschaft in Tokio empfohlen. Auch der Sohn ist Professor für Geopolitik, gehört der Freimaurerloge an und arbeitet ehrenamtlich für das Auswärtige Amt.

Hitler wird durch Generalstabschef Halder zu der Ansicht gebracht, daß mit einem Angriff der Roten Armee schon für Juli, spätestens August zu rechnen sei. Man legt ihm Agentenberichte vor, die von Zersetzungserscheinungen in der Roten Armee berichten. Ausschlaggebend für Hitlers Entschluß zum schnellen Losschlagen wird ein Bericht von Admiral Canaris, der aus der Schweiz erfahren haben will, daß die Verhandlungen Molotows mit dem britischen Botschafter in Moskau, Sir Stafford Cripps, gute Fortschritte machen. Gleichzeitig wird Stalin über drohende deutsche Angriffsabsichten unterrichtet. In allen Einzelheiten unterbreitet sie ihm der Chef des sowjetischen Geheimdienstes, Golikow. Stalin urteilt: „Die Gerüchte und Dokumente, aus denen hervorgeht, daß in diesem Frühjahr ein Krieg gegen die Sowjetunion unvermeidlich sei, müssen als Falschmeldungen betrachtet werden, die vom britischen und vielleicht sogar vom deutschen Nachrichtendienst ausgehen." Er möchte sich nicht durch eine List der Briten in den Krieg gegen Deutschland treiben lassen! Hitler sei nicht so töricht, einen neuen Krieg anzufangen, bevor der noch laufende beendet sei. Das widerspreche seiner bisherigen Politik. Gefahr bestehe für die Sowjetunion erst, sobald England besiegt sei. Man könne also den Angriff auf Deutschland in aller Ruhe vorbereiten. Außerdem habe man noch die Berichte aus der ständigen Begleitung Hitlers. Wer dieser Mann ist, der ihm die erstaunlichsten Mitteilungen über Hitlers tägliche Entscheidungen macht, bleibt ein Rätsel. Gehlens Hinweis auf Bormann mag zutreffen. Wahrscheinlicher ist, daß Stalins Informant aus Hitlers Gefolge eine Erfindung Heydrichs ist, um den sowjetischen Parteiführer irrezuführen. Schon 1937, als man noch mit britischem Einvernehmen einen Angriff auf die Sowjetunion ins Auge faßte, gelang es ihm, Stalin zu bewegen, seine tüchtigsten Generale und Parteifunktionäre unter dem falschen Verdacht, eine Revolte gegen ihn vorzubereiten, erschießen zu lassen. Von neunzehn sowjetischen Armeebefehlshabern wurden damals dreizehn erschossen, von 135 Divisionskommandeuren sogar 110, dazu Tausende Offiziere und sogar über zehntausend politische Kommissare. Das muß ihm ein wichtiger und zuverlässiger Informant gewesen sein!

Da tritt für Deutsche völlig überraschend, zwei Tage nach Jugoslawiens Beitritt zum Dreimächtepakt, eine grobe Veränderung in der politischen Lage ein. Noch am Mittwoch, dem 26. März, hatte Goebbels der deutschen Presse seine Anerkennung darüber ausgesprochen, weil sie das Ereignis des Beitritts gut herausgehoben habe. Besonders gut sei das böse Erwachen der Engländer nach ihren Einmischungsversuchen in Belgrad dargestellt worden. Da läßt Churchill Nachrichten über Unruhen in Jugoslawien verbreiten. Goebbels fragt sich, welche Absichten die Engländer mit solchen Falschmeldungen verfolgen können. Er ordnet eine Überprüfung der Gerüchte an. Stunden später kommt es in Belgrad tatsächlich zum Staatsstreich. Im Auftrag des britischen Geheimdienstes stürzt der jugoslawische General Simović die Regierung Cvetković. Beträchtliche Bestechungsgelder hat der britische Oberst Donovan dafür in Belgrad austeilen müssen. Churchill telegrafiert an Eden in Athen: „Machen Sie es ihnen klar, was wir auf dem Balkan und von der Türkei wollen: zusammen mit Jugoslawien, Griechenland, der Türkei und uns selbst haben wir in diesem Raum über siebzig Divisionen stehen und die Deutschen nicht einmal dreißig."

In dem Augenblick, da Hitler seine politischen Pläne durch den Putsch in Jugoslawien zerschlagen sieht, kommt der japanische Außenminister Matsuoka zu Besuch. Hitler ist so mit dem Angriff auf Jugoslawien beschäftigt, daß er für den japanischen Gast kaum Zeit findet. Ribbentrop versichert Matsuoka, daß die deutsch-sowjetischen Beziehungen noch normal seien, jedoch rate er Zurückhaltung an. Matsuoka hat Stalin aber bereits einen japanisch-sowjetischen Nichtangriffspakt angeboten. Der jugoslawische Militärattaché in Berlin, Oberst Vauhnik, bekommt einen anonymen Anruf: „Ein Angriff der deutschen Wehrmacht steht unmittelbar bevor!" Der Anruf wird vom Reichssicherheitshauptamt der SS abgehört. Doch kommt man erst viel später darauf, wer der Anrufer war — Admiral Canaris.

Der deutsche Freimaurer Prof. Georg Albrecht Haushofer, Mitglied der Geheimsekte zur Goldenen Morgendämmerung, empfängt gerade einen Brief vom Schweizer Logenbruder Carl Burckhardt. Dieser lädt ihn zu sich nach Genf ein, denn er habe ihm Grüße aus dem englischen Freundeskreis zu überbringen. Haushofer bespricht sich mit seinem Freund Rudolf Heß, der ein Schüler seines Vaters war. Heß ermuntert ihn, nach Genf zu fahren. Während sich Goebbels in Berlin wütend mit Churchills Rede nach der Kapitulation Jugoslawiens und Griechenlands auseinandersetzt, deren gesuchte Unbekümmertheit ihn aus der Ruhe brachte, trifft in Genf Prof. Haushofer mit Dr. Burckhardt zusammen. Burckhardt handelt im Auftrag von britischen Geheimbündlern, die den Krieg zwischen Deutschland und England beenden möchten, damit sich die Deutschen ganz dem Angriff auf die Sowjetunion zuwenden können. Wiederholt bittet er ausdrücklich um strengste Geheimhaltung des Vorgangs. Vor Wochen sei eine in London bekannte und angesehene Persönlichkeit bei ihm in Genf gewesen, die den Banken und führenden Männern der konservativen Partei nahestehe. Diese Person, deren Namen er nicht nennen dürfe, für deren Ernsthaftigkeit er sich jedoch verbürge, habe den Wunsch nach einer Prüfung von Friedensmöglichkeiten geäußert. Dabei habe er an ihn gedacht. Haushofer bittet Burckhardt, in dieser Sache auch über seinen Namen Diskretion zu wahren. Sollte sein Londoner Gewährsmann bereit sein, noch einmal in die Schweiz zu kommen, möchte er ihm auf vertraulichem Wege seinen Namen nach Berlin mitteilen lassen, damit die Ernsthaftigkeit von Person und Sache in Deutschland überprüft werden könne. Er werde danach noch einmal nach Genf kommen. Burckhardt erklärt sich bereit, dies auf völlig sicherem Wege nach England mitzuteilen. Er ist noch kürzlich selbst drüben gewesen und hat mit Lord Halifax lange und eingehend gesprochen. Er teilt seinem deutschen Besucher mit, daß nach seinem Gesamteindruck von den friedensbereiten Logenverbindungen Englands folgende Auffassung vertreten werde: das britische Sachinteresse an den osteuropäischen und südosteuropäischen Gebieten, mit Ausnahme Griechenlands, sei unrealistisch. Hingegen könne keine noch handlungsfähige britische Regierung auf die Wiederherstellung der westeuropäischen Staatenwelt verzichten. Die Kolonialfrage werde keine übermäßigen Schwierigkeiten bereiten, sofern sich die deutschen Forderungen auf alten deutschen Besitz beschränke und die italienischen Ansprüche gezähmt werden könnten. Voraussetzung sei jedoch, daß zwischen Berlin und London eine personelle Vertrauensbasis gefunden werden könne. Die Auseinandersetzungen mit dem Hitlerismus werde nun einmal von den Massen des britischen Volkes als eine Art Religionskrieg angesehen, mit allen fanatischen psychologischen Folgen einer solchen Einstellung. Wenn jemand in London friedensbereit sei, dann sei es der bodenständige Teil der Plutokratie, der davor bange, mitsamt den britischen Traditionen vertilgt zu werden, da das wurzellose, vor allem jüdische Element, den Absprung nach Amerika bereits vollzogen habe. Er selbst befürchte, daß die Möglichkeiten jener adeligen britischen Geheimbündler, Churchill zum Frieden zu zwingen, abnähmen, je länger der Krieg andaure, weil die ganze Entscheidungsgewalt über die überseeischen britischen Besitzungen mehr und mehr von den Amerikanern übernommen würden. Mit Roosevelt und seinen Logenfreunden sei jedoch überhaupt kein vernünftiges Wort mehr zu reden, wenn erst der Rest der bodenständigen britischen Oberschicht ganz entmachtet sei.

Der amerikanische Außenminister Cordell Hull bekommt eine dechiffrierte Meldung von der amerikanischen Botschaft in Bern auf den Tisch, die diese von ihrem deutschen Spion Donau empfing. Es ist niemand anders als Canaris, der hier von einer Unterredung Hitlers mit seinem Stellvertreter Rudolf Heß berichtet. Hitler habe Heß mitgeteilt, daß das beste, womit Deutschland noch rechnen könne, ein Unentschieden sei. Diese Mitteilung habe auf Heß niederschlagend gewirkt. Zusammen mit seinem Freund Haushofer, beginnt Heß nun erneut, nach Möglichkeiten zu suchen, in direkte Verbindung zu den englischen Geheimbündlern von der Goldenen Morgendämmerung zu treten, einer Sekte, der auch sie beide angehören. Dabei machen sie sich phantastische Vorstellungen von den Möglichkeiten des Herzogs von Hamilton, der auch Mitglied ist. Heß hofft, daß der ihn zu dem Oberen der Sekte, zu Aleister Crowley, führen könne. Haushofer weiß, daß Churchill wegen seiner deutschfeindlichen Politik Feinde in England hat. Er möchte die Briten zu einem ehrenvollen Frieden mit Deutschland bewegen. Dafür werde nun das Deutsche Reich den ihm so oft zugedachten Weltanschauungskrieg gegen die Sowjetunion führen. England müsse also nicht länger Gefahr laufen, zu einer drittrangigen Macht abzusinken, die sich an die amerikanische Politik verpfänden muß.

Sobald die Wettermeldungen für England günstig sind, will Heß nach drüben fliegen. Alles ist vorbereitet. Am 10. Mai erscheint er in lederner Fliegerkombination vor der Flugabfertigung in Augsburg. Er trägt sich unter dem Mädchennamen seiner Frau für einen Flug nach Stavanger in Norwegen ein. Flugzeugkonstrukteur Willy Messerschmidt stellt ihm für den Flug seinen neuesten Typ, die Me 110, zur Verfügung. Dann erteilt er ihm Flugerlaubnis. In der Nacht, zwanzig Minuten vor elf, erreicht Heß sein Ziel, das fünfzehn Kilometer südlich von Glasgow liegt. Wegen der Wolkendecke erweist sich die Orientierung als schwierig. Heß zieht seine Me steil in die Höhe, läßt sie verhungern und steigt aus. Es ist sein erster Fallschirmsprung. Auf dem Hof des Bauern McKean, im hügeligen Gelände von Eaglesham, geht er zu Boden. Der Bauer kommt aus dem Haus gelaufen, sieht den Flieger am Boden und fragt, ob er britisch oder deutsch sei. Da bemerkt er, daß sich der Mann beim Absprung verletzt haben muß, denn er kann sich nur hinkend bewegen. Ohne auf Antwort zu warten, hilft er ihm ins Haus. Am Kamin läßt er ihn Platz nehmen, und seine Frau bringt ihm eine heiße Tasse Tee mit Milch.

Churchill verbringt gerade das Wochenende in Ditchley. An diesem späten Sonntagabend bringt das Radio noch Nachrichten über den schweren Luftangriff auf London während der vorigen Nacht. Churchill schaltet ab. Er läßt sich von seinen Gastgebern zur Entspannung einen Lustspielfilm der Marx Brothers zeigen. Sein Sekretär kommt herein und flüstert ihm zu, daß ihn Informationsminister Bracken im Auftrag des Herzogs von Hamilton sprechen möchte. Churchill winkt ab. Er kennt den Herzog seit langem und kann sich nicht vorstellen, was ihm dieser versponnene Mann Wichtiges sagen könne. „Soll bis morgen warten!" Churchill wendet seine Aufmerksamkeit wieder dem Film zu, aber schon bald kehrt der Sekretär zurück und meldet, daß es sich bei der Mitteilung um eine dringende Kabinettssache handle. Churchill grollt, entschließt sich jedoch nach einigem Zögern, an den Apparat zu gehen. Hier erfährt er, daß man einen deutschen Flieger in Schottland gefangen genommen habe, der sich zunächst als ein Herr Horn auswies, dann aber behauptete, Rudolf Heß zu sein. Churchill lacht über die Einfalt seines Informationsministers. Heß in Schottland, was für ein Witz! Bracken beteuert, daß jedes Wort wahr sei. Er möchte nun wissen, wie man sich verhalten solle.

Churchill möchte sich nicht zum Gespött der deutschen Propaganda machen. Er erteilt seinem Informationsminister die Weisung, unbedingt Stillschweigen über den Vorfall zu wahren. Kopfschüttelnd begibt er sich ins Wohnzimmer zurück, um den Film zu Ende zu sehen.

Zu dieser Zeit reist der Adjutant von Rudolf Heß, Pintsch, mit dem Nachtzug von Augsburg nach Berchtesgaden. Morgens gegen sieben trifft er dort ein. Die Angst drückt ihm den Magen, denn er fürchtet, Hitler könne ihn aus Wut über die Eigenmächtigkeit seines Stellvertreters sofort erschießen lassen. Trotz des frühen Morgens empfängt Hitler bereits Besucher. Pintsch muß warten. Sogar der Vizepräsident der Republik Frankreich, Darlan, hat sich für diesen Tag zu Besuch bei Hitler gemeldet. Hitler hofft noch immer, die französische Regierung zu einer Kriegserklärung gegen England zu bewegen. Jetzt ist gerade Rüstungsminister Dr. Fritz Todt bei ihm zu einer Besprechung. Sobald er herauskommt, wird Pintsch zu Hitler geführt. Er übergibt ihm das Schreiben von Heß, das dieser entgegennimmt und ungeöffnet beiseitelegt; er kennt seinen Stellvertreter und dessen Neigung zu weitschweifigen Memoranden. Pintsch getraut sich nicht, die Mitteilung selbst zu machen, er verweist geheimnisvoll auf den Brief, so daß Hitler schließlich nach dem Umschlag greift und ihn öffnet. Kaum hat er die Zeilen überflogen, tritt ein, was Pintsch befürchtete; Hitler gerät außer sich und erklärt Pintsch für verhaftet, weil er den Flug nicht verhindert habe. Dann befiehlt er seinem Adjutanten, sofort Göring und Udet herbeizurufen. Als nächstes gibt er Befehl, daß Willy Messerschmidt Göring in München erwarten solle, um sich für seine Beihilfe zu verantworten. Ribbentrop erhält Weisung, nach Rom zu fahren, um Mussolini über den schockierenden Vorfall zu unterrichten.

Kaum treffen Göring und Udet auf dem Obersalzberg ein, setzt sie Hitler davon in Kenntnis, daß Heß in der Absicht nach England geflogen sei, mit den Briten einen Frieden auszuhandeln. Er fragt, welche Chance er habe, durchzukommen. Göring versucht, Hitler zu beruhigen, der allerdings weniger um das Leben seines Stellvertreters bangt als vor der Aussicht, daß die britische Propaganda diesen Flug als Verzweiflungstat eines führenden Nationalsozialisten darstellen könne. Das beste sei, Heß für wahnsinnig zu erklären, um alle denkbaren Unterstellungen durch eine solche Erklärung abwehren zu können. In einem Brief an Goebbels, den er telefonisch in Berlin nicht erreichen kann, weil der gerade zu einem Besuch in das von britischen Bombern stark heimgesuchte Hamburg unterwegs ist, formuliert er ihm die deutsche Verlautbarung zum Fall Heß, dem er eine ‚fortschreitende Krankheit mit Wahnvorstellungen‘ unterstellt. Es sei damit zu rechnen, daß Heß auf seinem Flug irgendwo abgestürzt oder verunglückt sei. Das Deutsche Nachrichten-büro verbreitet sogar die Nachricht: ‚Rudolf Heß verunglückt'. Die Deutschen lachen darüber. „Es geht das Lied im ganzen Land ‚Wir fahren gegen Engeland', doch wenn dann wirklich einer fährt, dann wird er für verrückt erklärt."

Der britische Rundfunk, der noch keine Mitteilung von dem sonderbaren Fallschirmspringer aus Schottland bekam, spricht in den Spätnachrichten vom 12. Mai die Vermutung aus, Rudolf Heß könne Selbstmord begangen haben oder von der Gestapo umgebracht worden sein. Erst daraufhin gibt Churchill die Meldung über Heß frei. In der Frühsendung vom Dienstag, 6 Uhr morgens, bringt der britische Rundfunk die knappe Nachricht, daß sich Rudolf Heß in England befinde. In einem Brief an das Außenministerium ordnet Churchill an, daß Rudolf Heß in der Verantwortung des Kriegsministeriums unter strenger Isolierung in einem dafür geeigneten Haus nahe London gefangen zu halten sei. Niemand dürfe zu ihm in Verbindung treten. Er möchte nicht nur die Deutschen, er möchte auch seine politischen Gegner im eigenen Land darüber im unklaren lassen, was man aus Heß herausbekommen hat.

Der Krieg geht unbekümmert weiter. Dr. Sorge meldet am 15. Mai nach Moskau den bevorstehenden Angriff von hundertfünfzig deutschen Divisionen für den 22. Juni. Er schickt dem sowjetischen Geheimdienst sogar die deutschen Operationspläne zu. Fünf Tage später findet der deutsche Angriff auf die griechische Insel Kreta statt. Canaris hatte aus Athen nach Berlin gemeldet: „Die Engländer sind zum großen Teil von Kreta abgezogen. Die Notabeln der Insel erwarten die deutsche Landung, um die restlichen britischen Truppen zu entwaffnen, wenn sie nicht noch freiwillig gehen sollten." Stattdessen befinden sich auf Kreta über fünfzigtausend britische und griechische Soldaten in gut getarnten Verteidigungsstellungen. Sie vernichten die erste und zweite deutsche Schiffsstaffel mit zwei deutschen Gebirgsjägerbataillonen. Schwere Verluste erleiden auch die deutschen Fallschirmspringer, von denen über dreitausend getötet und ebensoviele verwundet werden. Durch diese schweren Kämpfe tritt der Fall Heß ganz zurück.

Währenddessen beginnt der deutsche Aufmarsch bis vor die sowjetische Grenze. Golikow gibt Stalin dessen Stärke mit etwa hundertzwanzig Divisionen an. Stalin weiß nun, daß ihn diesmal nicht die Engländer bluffen. Er bekommt Angst. Ohne politischen Grund hält er den Ersten Sekretär der Kommunistischen Partei der Ukraine, Chruschtschow, in Moskau zurück. Er fürchtet sich davor, allein zu sein und hält täglich große Festessen ab. Erwähnt dabei jemand die Deutschen, stößt er Flüche aus, murmelt, nun werde der Hitler sie bestimmt fertig machen. Er verlor nicht nur jedes Vertrauen in die Kampftüchtigkeit der Roten Armee, er mißtraut auch den Parteigenossen. Immerhin ließen die vier sowjetischen Heeresgruppen 246 Divisionen vor der deutschen Grenze aufmarschieren. Das sind mehr als doppelt soviele Divisionen als die Deutschen zum Angriff gesammelt haben. Dennoch hält Stalin die Deutschen für überlegen. Nicht wegen ihrer Ausrüstung, sondern wegen der Kampftüchtigkeit ihrer Soldaten. Die seit Jahren anhaltende Folge von Siegen gab ihnen ein beispielloses Selbstvertrauen. „Und sie kämpfen wie die Teufel!" Stalin sieht eine militärische und innenpolitische Katastrophe auf sich zukommen. Dem auf Heimkehr drängenden Chruschtschow gelingt es endlich, nach Kiew zurückkehren zu dürfen. Schon am Abend des nächsten Tages bekommt er Bericht aus Moskau, daß vielleicht schon in Stunden der Krieg zu erwarten sei und man sich bereithalten solle. Am 21. Juni wird für die Rote Armee die Alarmstufe 1 ausgelöst, die die volle Kriegsbereitschaft bringt. In den ersten Morgenstunden des nachfolgenden Sonntags, dem 22., genau 2 Uhr 32, geht dem sowjetischen Nachrichtendienst eine letzte Meldung über den unmittelbar bevorstehenden deutschen Angriff zu, die ihm ein deutscher Kommunist überbringt, der als Soldat über die Grenze flieht. Dreiundvierzig Minuten später beginnt der deutsche Angriff.

Churchill weiß seit zwei Tagen, daß dieser Angriff auf Rußland stündlich erwartet werden muß. Roosevelt hatte ihm am Samstag abend durch Botschafter Kennedy den Rat gebracht, die Sowjetunion im Augenblick des Angriffs als Alliierten zu begrüßen. Seinem Sekretär sagte Churchill, daß man ihn nicht wecken möge, sollte in der Nacht der Angriff erfolgen. Als er schließlich am Sonntag morgen aufwacht, wartet bereits der Chef des Empire-Generalstabs, General Dill, auf ihn. Er wird zu Churchill ins Schlafzimmer gebeten, wo er dem Premierminister mitteilt, daß die Deutschen in ungewöhnlich breiter Front in die Sowjetunion eingefallen seien. Ein großer Teil der sowjetischen Luftwaffe sei überrascht worden und liege am Boden zerstört. „Ich fürchte, die Russen werden hordenweise umzingelt." Churchill läßt sofort bekanntgeben, daß er am Abend um neun über den Rundfunk spreche.

In Washington bespricht sich an diesem Sonntagmorgen dem 22., einer für Freimaurer interessanten Zahl, weil in ihr zweimal die Elf als Zeichen der Rache steckt, Kriegsminister Stimson mit dem Hochgradmaurer und Generalstabschef Marshall. Danach geht der Minister zum Präsidenten, um ihm die Lagebeurteilung des amerikanischen Generalstabs mitzuteilen. „Deutschland wird für mindestens einen Monat, jedoch höchstens etwa drei Monate, gründlich damit beschäftigt sein, Rußland zu schlagen." Damit erweist sich der amerikanische Generalstab optimistischer als Hitler, der mit vier Monaten rechnet. Ebenso zuversichtlich klingt der Bericht des Kommandierenden Generals des 11. deutschen Armeekorps nach den ersten Tagen des Feldzugs: „Wir werden überall als Befreier begrüßt, besonders in den polnischen Ostgebieten, aber auch im eigentlichen Rußland in der Gegend von Smolensk." In der Ukraine betrachtet man die anrückenden deutschen Soldaten als Erlöser vom Kommunismus. An den Ortseingängen werden ihnen Ehrenpforten errichtet, mit den ukrainischen Nationalfarben Blau und Gelb umwunden. Die Bürgermeister halten deutsche Begrüßungsansprachen. Mädchen in Trachten überreichen den Soldaten Blumen und bieten ihnen Salz und Brot an. Schon in den ersten Tagen beginnen sich ganze Verbände der Roten Armee aufzulösen. Der Widerstand ist an vielen Frontabschnitten auffallend gering. Besorgt über die Schwäche der sowjetischen Verteidigung schickt Roosevelt seinen Berater Harry Hopkins nach London, um Churchill zu einer Atlantikkonferenz mit ihm einzuladen. Vor dem britischen Generalstab legt Hopkins dar, daß der amerikanische Generalstab den deutschen Ostfeldzug unter der Erwartung betrachte, daß man schon bald sehen werde, wie schnell die russische Front zusammenbreche. Der Präsident nehme allerdings einen anderen Standpunkt ein. Er möchte den Krieg in Rußland noch nicht so leicht aufgeben und habe ihn darum gebeten, über die Murmansk-Linie nach Moskau zu reisen, um Stalin, der sich offenbar schon aufgegeben habe, Mut zuzusprechen und sich nach seinen Wünschen zu erkundigen.

Um die Japaner von einem Angriff auf die Sowjetunion abzuhalten, ordnet Präsident Roosevelt an, nach den deutschen auch alle japanischen Guthaben in den Vereinigten Staaten zu beschlagnahmen. Der japanische Ministerpräsident Konoye bietet sich an, sofort nach Washington zu kommen, um sich mit dem amerikanischen Präsidenten auszusprechen. Für die Freigabe der Guthaben sei Japan bereit, seine Truppen aus China zurückzuziehen, wenn die Amerikaner die japanische Vorherrschaft in der Mandschurei anerkennen würden, wie dies die sowjetische Regierung bereits getan habe. Roosevelt wünscht keine Verständigung und lehnt Verhandlungen mit Japan ab.

Hopkins Besprechungen im Kreml finden in den letzten Julitagen statt. Stalin läßt dazu erstmals wieder den Freimaurer Litwinow in Erscheinung treten. Churchills Sorge, daß die deutschen Truppen im Kaukasus zum Süden hin durchbrechen und den Iran in Aufruhr bringen könnten, werden von Stalin als unbegründet zurückgewiesen. Er entwirft vor Hopkins ein überschöntes Bild von der Kampfkraft der Roten Armee. Was man brauche, seien Flugabwehrgeschütze, etwa eine Million Karabiner für die aus Sibirien kommenden Divisionen, dazu Aluminium

35

und Flugbenzin. Panzer benötige man nicht. Er sei überzeugt, daß der deutsche Angriff in den Wintermonaten vor Moskau, Kiew und Leningrad stecken bleiben werde. Das Kaspische Meer würden die deutschen Truppen nie erreichen. Von den langen Konferenzen und gefährlichen Flügen erschöpft, trifft Hopkins wieder in London ein. Er bestellt Churchill, daß Stalin nicht nur Waffenwünsche angemeldet habe. Er verlange auch, daß die polnische Exilregierung unter Sikorski ein Bündnis mit der Sowjetunion abschließen solle. Churchill sagt das zu, obwohl er Sikorskis Vorbehalte kennt, der zuvor eine Erklärung der sowjetischen Regierung wünscht, daß man die polnischen Ostgebiete an Polen zurückgeben werde. Tatsächlich hält dann das erste diplomatische Abkommen der polnischen Exilregierung mit dem sowjetischen Botschafter in London ausdrücklich fest, daß die sowjetisch-deutschen Verträge von 1939 über die gebietsmäßigen Veränderungen in Polen ihre Gültigkeit verloren haben. „Alle Polen, die in der Sowjetunion als Kriegsgefangene oder als Gefangene aus Kriegsfolgegründen leben, sind freizulassen." In Buzuluk wird ein Sammellager eingerichtet, in das aus einhundertachtunddreißig sowjetischen Konzentrationslagern und Gefangenenlagern die Polen überführt werden, aus denen man eine Polnische Brigade im Kampf gegen Deutschland aufstellen will. Aber von dreihundert hohen polnischen Stabsoffizieren, die in sowjetische Gefangenschaft gerieten, tauchen nur sechs auf. Insgesamt vermißt man fünfzehntausend Mann, darunter zehntausend Offiziere. Alle Rückfragen bei den sowjetischen Behörden bleiben ohne Antwort.

Anfang August reist Churchill auf der Prince of Wales nach Neufundland in Kanada, wo ihm Roosevelt an Bord der Augusta entgegenkommt. Nur mit einer einzigen Stimme konnte Roosevelt vor dem Kongreß die Verlängerung der einjährigen Dienstzeit für Rekruten durchbringen. Niedergeschlagen sagt er zu Churchill: „Ich werde vielleicht nie Krieg erklären, wohl aber Krieg führen." Einen Monat später läßt er öffentlich bekanntgeben, daß er den amerikanischen Kriegsschiffen Schießbefehl bei klarer Sicht erteilt habe. Es ist ein neuer Versuch, den amerikanischen Zustand der Nichtkriegführung in den kriegerischer Verwicklungen umzuändern. Am selben Tag unterbreiten die amerikanischen Stabschefs von Heer und Marine Roosevelt ihr Gutachten über die militärischen Möglichkeiten der Deutschen. Sie sind der Ansicht, daß man die militärische Niederlage Englands und die Eroberung des europäischen Teils der Sowjetunion für nicht ausgeschlossen ansehen müsse, lehnen jedoch wunschgemäß die von politischen Gegnern Roosevelts empfohlene Verständigung mit der deutschen Reichsregierung ab. Wegen des deutschen Geltungsbedürfnisses in Südamerika!

Anfang Oktober 1941 stehen die deutschen Truppen vor Moskau. Sie ziehen sich zum Großangriff zurück. In der Stadt herrscht Angst und Verwirrung. Victor Kravchenko, der sich dort als Hauptmann der Roten Armee aufhält, berichtet: „Die Deutschen hätten Moskau in diesen Tagen ohne Kampf einnehmen können. Warum sie sich zurückzogen, ist ein Geheimnis, das nur die Deutschen selber vor der Geschichte aufdecken können." Auch im deutschen Oberkommando der Wehrmacht ist man trotz der ernsten Bedenken von Canaris der Meinung, mit einem kräftigen Stoß den letzten Widerstand der Roten Armee zu brechen. Ein Winterfeldzug ist nicht vorgesehen. Der Völkische Beobachter bringt am 10. Oktober gar die Schlagzeile: ‚Stalins Armeen sind vom Erdboden verschwunden'. Vier Tage später erklärt Hans Fritzsche vor dem Verband der Auslandspresse: „Die militärische Entscheidung dieses Krieges ist gefallen. Was nun noch zu tun bleibt, trägt vorwiegend politischen Charakter nach innen wie nach außen." Canaris aber, der den Rußlandfeldzug schon seit Frühjahr 1938 vorbereitet, sagt nun, daß er für das bessere Deutschland zu spät kam. Während die deutschen Truppen schon die Vororte von Moskau erreichen, macht er einer in okkulten Zirkeln einflußreichen Dame Berns die Mitteilung: „Wenn die russische Armee desorganisiert und erschöpft ist, so sind wir es auch. Unsere Vorräte sind aufgebraucht und unsere Transportmittel absolut unzureichend für so große Armeen so weit vorne. Wenn die Lage Rußlands auch schlecht ist, so kann sie doch schwerlich schlechter sein als unsere eigene." Canaris sagt das in der Absicht, daß seine Mitteilung durch diese geheimnisvolle ‚Madame J.' auf schnellstem Weg an einen Mister WSC weitergeleitet wird, der kein geringerer als Winston Spencer Churchill ist.

Japans neuer Ministerpräsident, General Tojo, reist gerade nach Washington. Er möchte unbedingt zu einer Übereinkunft mit den Amerikanern kommen. Präsident Roosevelt will das nicht. Er sucht den Konflikt mit Japan. Auch der von den amerikanischen Industriellen erwünschte Vorschlag Tojos, China einen Waffenstillstand anzubieten, kann den Präsidenten nicht umstimmen. Er kennt auch längst alle Entschließungen der neuen japanischen Regierung, weil der japanische Geheimcode durch amerikanische Sachverständige entschlüsselt werden konnte. Und in Japan wurde General Tojo zum Ministerpräsidenten ernannt, weil nur er den Amerikanern größte Zugeständnisse machen kann, ohne daß sie als Schwäche ausgelegt werden könnten. Roosevelt weiß, daß der japanische Generalstab für den Fall, daß über die Freigabe japanischer Vermögenswerte in Amerika keine Übereinkunft erzielt werden könne, einen Überraschungsangriff auf den amerikanischen Flottenstützpunkt Pearl Habour vorgesehen hat. Er untersagt jedoch seinem Außenminister, die amerikanische Marine zu warnen, weil dadurch dem Angriff die dramatische Wirkung genommen werde, die er für den Kriegseintritt seines Landes nötig brauche. Schon im Sommer gab er den amerikanischen Generalstäben von Heer und Marine den Auftrag, einen Generalplan für ein gewaltiges amerikanisches Expeditionskorps auszuarbeiten, damit danach die Vorschläge erarbeitet werden könnten, die Gesamterzeugung der amerikanischen Industrie auf die Vernichtung des vermutlichen Feindes auszurichten. Jetzt enthüllt das Wallstreet Journal diese Pläne.

Der Leiter des Berliner Büros der amerikanischen Nachrichtenagentur Associated Press, Louis P. Lochner, bekommt gerade durch eine Loge die Einladung, zu einer ihrer nächtlichen Zusammenkünfte zu kommen. Dort beauftragt man ihn, für den Fall, daß mit den Vereinigten Staaten der Krieg ausbrechen sollte, zu Präsident Roosevelt zu gehen, um ihm ihr ständiger Verbindungsmann zu sein. Als erstes solle er auskundschaften, ob Roosevelt bereit sei, mit einer deutschen Regierung zusammenzuarbeiten, die eine Monarchie wiederherstelle, in der sich der Monarch allen parlamentarischen Entscheidungen unterwerfe.

In Moskau geht an Stalin von Dr. Sorge aus Tokio die Nachricht zu, daß Japan in Kürze den Krieg gegen die Vereinigten Staaten eröffnen wolle. Er erkennt, daß das die Wende des Krieges bedeutet. Das ist Rettung in letzter Minute, denn in Moskau geht es drunter und drüber! Alle Regierungsämter sind bereits nach Kujbyschew an der Wolga verlegt. Alles ist in Auflösung begriffen. Kommunisten verbrennen ihre Parteibücher. Meuternde Truppenteile marodieren durch die Straßen. Stalin bangt um sein Leben. Er wagt nicht, den Kreml zu verlassen. Nur hier ist er noch sicher. Draußen kann ihm alles passieren, was vor ihm den Zaren passierte. Doch nun kann noch alles gut werden! In aller Eile läßt er sämtliche Elitetruppen aus Ostsibirien nach Westen schaffen. Mit einem Überraschungsangriff der Japaner ist nun nicht mehr zu rechnen, so kurz vor ihrem Krieg mit Amerika! Der Staatssicherheitspolizei gibt er Befehl, jeden auf der Stelle zu erschießen, der keine entschlossene Verteidigungsbereitschaft zeige. Alle Zuchthäusler der Stadt seien vor die Wahl zu stellen, entweder um ihr Leben zu kämpfen, oder sofort erschossen zu werden. General Schukow muß aus der Zivilbevölkerung eine Miliztruppe bilden, die Straßensperren bauen und Panzergräben ausheben soll. Schon treffen zum Entsatz frische Infanterietruppen aus dem Kaukasus ein. So kann der deutsche Angriff zum Stehen gebracht werden. Stalin schickt ein Danktelegramm an Roosevelt, weil ihm die erste Milliarde Dollar von insgesamt elf als Kredit für Wareneinkäufe in Amerika bewilligt wurde. Es ist das erstemal, daß er einen freundlichen Ton für seine Verbündeten findet.

Im nordrussischen Hafen Murmansk treffen die ersten amerikanischen Geleitzüge ein. Sie bringen Nahrungsmittelkonserven, Mehl, Getreide, Flugzeugteile, Motoren, Geschütze, Munition, Kupfer, Stahl, Phosphor und Treibstoff. Jedes Schiff muß auf ausdrücklichen Wunsch Roosevelts bis zu fünfzehn Panzer als Deckladung aufnehmen, obwohl Sowjetbotschafter Oumansky ausdrücklich gesagt hatte, daß man keine amerikanischen Panzer wünsche; sie seien zu leicht und für russische Wegeverhältnisse ungeeignet. Dagegen protestierte die amerikanische Stahlindustrie, und Roosevelt entschied, daß die sowjetische Regierung nicht auch noch Wünsche stellen könne. Am 15. November treten die deutschen Truppen zum zweiten Angriff auf Moskau an. Da bricht plötzlich der Winter aus, früher als sonst und härter als seit Menschengedenken. Den deutschen Panzern frieren die Motoren ein, den Maschinenwaffen die Schlösser. Die Soldaten hocken in ihren leichten Sommeruniformen in den eisigen Erdlöchern. Das Thermometer fällt auf unter vierzig Grad.

In Washington stellt Roosevelt den Japanern ein Ultimatum, China und Indochina sofort zu räumen. Einem Hauptmann der Abteilung für Kriegsplanung gelingt es, nach Dienstschluß die Dokumente über Roosevelts Angriffspläne aus dem Panzerschrank zu holen und zu dem Kriegsgegner, Senator Wheeler, zu bringen. Doch es ist zu spät. Vier Tage später tauchen im Morgengrauen vor Pearl Harbour die japanischen Kriegsschiffe und Flugzeugträger auf. Der Angriff kommt überraschend und wirkt sich fürchterlich aus. Acht amerikanische Schlachtschiffe werden versenkt, elf Kriegsschiffe zerstört, an die zweihundert Flugzeuge am Boden vernichtet, dreieinhalbtausend Marinesoldaten getötet. Roosevelt, der alles getan hatte, damit der Angriff nicht verhindert werde, legt nun Trauerflor an und unterzeichnet die Kriegserklärung an Japan. Er bespricht sich mit seinem Außenminister, ob man nicht Deutschland und Italien gleich mit den Krieg erklären könne. Hull lehnt ab. Man könne aber dem Spion ,Donau' sagen, daß er Hitler zur Kriegserklärung rate. Ungern läßt sich Roosevelt darauf ein und durchlebt die aufregendsten Tage seines Lebens. Ausgerechnet am 11. Dezember, weil Elf ja das Zeichen für Rache ist, läßt Hitler dem Geschäftsträger der amerikanischen Botschaft die Pässe ausstellen und erklärt den Vereinigten Staaten den Krieg.

Churchill, der in Unruhe war, weil Roosevelt nur an Japan den Krieg erklärte, ruft aus: ,,Das erleichtert natürlich die Sache!'' Er schickt Eden nach Moskau, um Stalin zu bitten, dem britischen Beispiel zu folgen und nun auch Japan den Krieg zu erklären. Stalin ist schlauer als Hitler. Er lehnt dieses Angebot ab.

DER UNNÜTZE SIEG

Winston Churchill ist nie Frühaufsteher gewesen. Er sitzt noch in der Wanne, als man am Neujahrsmorgen 1942 Präsident Roosevelt im Rollstuhl in die Gästewohnung des Weißen Hauses schiebt. Er möchte seinem Gast ein glückliches neues Jahr wünschen, muß sich jedoch gedulden. Kaum streckt Churchill den Kopf aus der Badezimmertür heraus, ruft Roosevelt: „Da bist du ja, du altes Streitroß!" Dabei wedelt er ihm ein Schriftstück zu und sagt: „Unterschreib!" Churchill ist nicht der Mann, der einem Kind das Spielzeug aus der Hand nimmt. Schon gar nicht, wenn er sich von den Launen dieses Kindes abhängig weiß. Seit sie sich zum erstenmal getroffen, spricht Roosevelt von nichts anderem als von diesem Plan. Er denke nicht an einen neuen Völkerbund, sondern an eine Art Weltpolizei, beherrscht von den beiden größten Militärmächten, denen künftig allein das Recht zustehe, Waffen zu tragen. Alle übrigen müßten auf den Besitz kriegsentscheidender Waffen verzichten. Damals, im August 1941, hatte Roosevelt noch von den Vereinigten Staaten und Großbritannien gesprochen, die als Weltpolizisten für Ruhe und Ordnung sorgen sollten. Inzwischen ist eine dritte Macht hinzugekom-

40

men — die Sowjetunion. Zuerst wollte Roosevelt dem neuen Ding den Namen Assoziierte Mächte geben. Das mißfiel dem Literaten Churchill. Schlau spielte er dem Präsidenten einen Text des englischen Dichters Byron zu, in dem dieser 1812 als Wunschziel aller Freimaurer den Begriff ‚Vereinigte Nationen‘ prägte für eine dichterische Vision vom Weltstaat. Nun steht über dem Entwurf, den Churchill wie eine Speisekarte für den Mittagtisch überfliegt, der Name ‚Vereinigte Nationen‘. Er billigt ihn mit der Bemerkung: „Er hilft uns an sich noch nicht, die Schlacht zu gewinnen, aber er zeigt, wo wir stehen und wofür wir kämpfen." Beim Lesen stellt er fest, daß sich der Stand der Dinge noch weiter verändert hat, denn aus den drei Weltpolizisten hat Roosevelt inzwischen vier gemacht, indem er China hinzusetzte.

Churchill möchte ihm nicht die Laune verderben und schweigt dazu. Ihn bedrücken ganz andere Sorgen! Zu den verdammten Deutschen unter Rommel in Nordafrika und den frechgroben Briefen des sonderbaren Bundesgenossen Stalin, kommen nun die Blitzsiege der Japaner hinzu. Es knackt im Gebälk des britischen Weltreiches! Für den Nachmittag ist die feierliche Unterzeichnung des Vertrages zu den Vereinigten Nationen durch die vier Polizeimächte vorgesehen. Litwinow wird kommen und für China Soong. Die übrigen müssen beim Außenminister unterschreiben. Es sind acht mittelamerikanische Kleinstaaten, die wirtschaftlich von den Vereinigten Staaten abhängen, einige Exilregierungen und die vier britischen Dominien Australien, Neuseeland, Kanada und Südafrika. Nur ungern gab Churchill dem Drängen Roosevelts nach, auch die britische Kolonie Indien als selbständiges Mitglied in die Vereinigten Nationen aufzunehmen. Hatte sich der Präsident jedoch etwas in den Kopf gesetzt, blieb Widerstand zwecklos. Churchill wünschte, daß auch die französische Exilregierung unter de Gaulle in die Vereinigten Nationen aufgenommen werde. Das lehnt Außenminister Hull ab, weil die Regierung Pétain die rechtmäßige Regierung Frankreichs sei. Und Roosevelt kann de Gaulle nicht leiden. Auf Florida macht Churchill Ferien, wo ihn Edens Telegramm erreicht, welche Nachkriegsgrenzen sich Stalin denke und wie mit Deutschland zu verfahren sei. Churchill erwidert, daß auch Roosevelt der Meinung sei, Grenzfragen bis zur Friedenskonferenz zurückzustellen. „Niemand kann voraussagen, wie bei Kriegsende das Mächtegleichgewicht aussieht und wo dann die siegreichen Heere stehen. Doch werden dann die Vereinigten Staaten und das britische Reich keineswegs erschöpft sein, sondern den mächtigsten bewaffneten und wirtschaftlichen Block darstellen, den die Weltgeschichte gesehen hat, und die Sowjetunion wird unsere Hilfe zum Wiederaufbau sehr viel nötiger brauchen als wir die ihre."

Es ist ein kalter trüber Januartag. Vor dem Büro der Internationalen Kriminalpolizei am Großen Wannsee in Berlin fahren SS-Führer, Richter, Minister und Führer des Sicherheitsdienstes vor: SS-Obergruppenführer Heydrich, SS-Obersturmbannführer Eichmann, der Generalgouverneur von Polen, Dr. Frank, Staatssekretär Dr. Freisler vom Reichsjustizministerium. Es handelt sich nicht um eine Geheimkonferenz, auch wenn anderntags nichts darüber in der Zeitung stehen wird; das Protokoll wird an dreißig Amtsstellen verschickt. Heydrich führt den Vorsitz. Er eröffnet die Konferenz mit einem Bericht über die Auswanderung der Juden seit 1933 und ihre gegenwärtige Lage in Deutschland und den verbündeten Ländern. Canaris hatte aus Gründen der Sabotagebekämpfung angeregt, daß kein jüdischer Bewohner ohne gelben Stern und der Aufschrift ‚Jude‘ auf die Straße gehen dürfe. Ausnahmen stellen nur die Parteijuden dar, denen amtliche Ariernachweise ausgestellt wurden. Wie eben jenem Konferenzteilnehmer Dr. Frank, Sohn eines jüdischen Rechtsanwalts aus Bamberg, oder Heydrich, dessen Vater in Riemanns Musiklexikon als ‚Bruno Heydrich, eigentlich Süss‘ aufgeführt ist. Adolf Eichmann ist nach nationalsozialistischer Sprachregelung sogar Volljude. Schon seit Monaten versucht Heydrich, eine Gesamtlösung der drängend gewordenen Judenfrage zu vereinbaren. Noch ahnt niemand, daß einmal aus der ‚Gesamtlösung‘ durch Rückübersetzung aus dem Russischen der Begriff Endlösung entstehen wird. Der SS-Obergruppenführer erklärt, warum die zunächst vorgesehen Madagaskar-Lösung, die die Errichtung eines jüdischen Staates auf dieser ostafrikanischen Insel vorsah, durch den Rußlandfeldzug als überholt gelten müsse. Eine Gesamtlösung müsse jetzt sofort gefunden werden. Allein in den polnischen Ghettos lebten über drei Millionen Juden. Er schlage darum als neue Gesamtlösung vor, die Juden in einem dafür geeigneten Teil der Sowjetunion anzusiedeln.

Eine ebenso denkwürdige Sitzung findet am Abend des 14. April in London statt. An ihr nimmt das Kriegskabinett mit den britischen Stabschefs teil, außerdem Harry Hopkins und General Marshall. In Begleitung des amerikanischen Generalstabschefs befindet sich ein noch kaum bekannter Offizier, der einen Plan vorlegen soll, wie der deutsche Atlantikwall im Frontalangriff durch schwerste Luftangriffe und eine kühn angelegte Landung von See her durchbrochen werden soll. Dieser Plan wird als Eisenhower-Plan bekannt. England soll zum Aufmarschgebiet amerikanischer Truppen und Flieger werden. Churchill möchte lieber auf dem Balkan eine zweite Front aufbauen, um die Rote Armee dort herauszuhalten. Roosevelt besteht auf der Invasion in Frankreich, hat aber noch keine Entscheidung getroffen, wer das Kommando übernehmen soll.

Im Mai 1942 reist ein untersetzter, sechsunddreißigjähriger Deutscher mit einem Kurierpaß nach Schweden. Den Paß hat ihn sein Schwager, Hans Dohnányi, verschafft, der im Stab vom Canaris die Abteilung für Politik leitet. Im Gepäck führt er Mitteilungen über die deutschen Widerstandsgruppen mit, vor allem die Namen der Offiziere, die Hitlers Sturz herbeiführen wollen. Wer auf einem Kurierpaß reist, der braucht an der Grenze sein Gepäck nicht zu öffnen. Der Name im Paß lautet auf Dietrich Bonhoeffer. Er ist evangelischer Theologe gewesen, bekam aber schon vor dem Krieg die kirchliche Lehrerlaubnis entzogen. Nun hat Bonhoeffer erfahren, daß sein Freund George, der achtundzwanzigjährige anglikanische Bischof von Chichester, von England nach Stockholm reise. Dort will er ihn treffen, um ihm Angaben über die putschbereiten deutschen Offiziere zu machen. George gehört dem britischen Oberhaus an und versichert, mit Außenminister Eden über diese Sache zu sprechen. Er rät jedoch dem Freund ab, nach Deutschland zurückzukehren, er wolle ihn mit nach England nehmen, wo er bei seinem Schwager wohnen könne. Bonhoeffer lehnt ab. Gern würde er seine Zwillingsschwester Sabine wiedersehen, die 1938 mit ihrem jüdischen Mann nach England ging, aber er fühle sich in Deutschland ganz sicher.

Der Bischof von Chichester überbringt die Schriftstücke Eden, der aber nicht darauf eingehen möchte, so gern er sich auch die Hilfe der deutschen Abwehr erhalten möchte. Er hat bereits erfahren, daß Canaris wesentliche Bereiche seiner militärischen Abwehrorganisation auf Drängen Heydrichs an das Reichssicherheitshauptamt abtreten muß. Es droht ihm Gefahr, als politischer Verschwörer entlarvt zu werden. Dazu möchte man es im britischen Außenministerium nicht kommen lassen. Es gibt dem Geheimdienst die Weisung, zwei in England lebende Tschechen für ein Mordkommando auszubilden. Sie werden mit allem Notwendigen ausgestattet und mit dem Fallschirm über dem deutschen Protektorat Böhmen und Mähren abgesetzt. Sie nehmen sofort Verbindungen auf mit der schwachen, fast noch bedeutungslosen Untergrundbewegung, um mit ihr den Geheimauftrag vorzubereiten, den stellvertretenden Reichsprotektor, SS-Obergruppenführer Heydrich, umzulegen. Was nun dem britischen Geheimdienst noch zu tun bleibt, besteht darin, jeden Eindruck zu vermeiden, daß der deutsche Abwehrchef Canaris aus Groll gegen seinen Widersacher die Hand mit im Spiel haben könne. So reist denn Canaris mit seiner Frau am 16. Mai nach Prag, um sich mit Heydrich auszusöhnen. Mit der neuen Zuständigkeitsregelung, sagt Canaris, durch die Heydrich wichtige Tätigkeitsbereiche, die ihm bisher unterstanden, übertragen bekomme, sei er von Herzen einverstanden. Am anderen Tag tagen Canaris und Heydrich mit den Dienststellenleitern der Gestapo, des

Sicherheitsdienstes und der Kriminalpolizei. Dabei fällt allen auf, wie freundschaftlich zugeneigt sich Canaris dem Obergruppenführer zeigt. So benimmt sich sonst niemand, dem man die Zuständigkeitsbereiche stutzte! Rührend herzlich verabschiedet sich Canaris am 19. Mai von Heydrich; einer sagt, es habe nicht viel gefehlt und sie hätten sich in den Armen gelegen. Tags drauf wird Heydrich auf offener Straße beschossen. Die Attentäter fliehen in eine griechisch-orthodoxe Kirche der Prager Vorstadt. Es sind die beiden aus England herübergeflogenen Mordspezialisten mit vierzehn tschechischen Helfershelfern, denen der Pope erlaubte, sich im Altarraum zu verstecken.

Hitler ist wütend über die Nachricht. Er ordnet an, daß ab sofort alle gefährdeten Männer des nationalsozialistischen Staates die Sicherheitsvorschriften unbedingt einzuhalten hätten. Canaris fliegt nach Prag zurück. Als er dort eintrifft, erfährt er, daß Heydrich nur verletzt sei. Man möchte ihn zu ihm ins Krankenhaus führen, aber er sträubt sich, bringt alle möglichen Ausreden hervor, will ihn auf keinen Fall sprechen, obwohl er seinetwegen nach Prag zurückkam. Fünfzehn Tage später stirbt Heydrich; man munkelt, daß ihm eine Spritze verpaßt worden sei. Beim prunkvollen Staatsbegräbnis steht Canaris mit Tränen in den Augen in der ersten Reihe der Trauergäste. Dem Gestapo-Chef Huppenkothen versichert er, Heydrich als großen Menschen außerordentlich verehrt zu haben. Und der Witwe schreibt er: ,Seien Sie versichert, ich habe einen echten Freund verloren!' Die an Heydrich wenige Tage zuvor abgetretenen Zuständigkeitsbereiche der militärischen Abwehr werden an Canaris durch Himmler zurückübertragen.

Der britische Geheimdienst ist zufrieden. Wenige Tage zuvor gelangte Churchill zu einer ganz anderen Art von Befriedigung. Er erlebte den ersten Masseneinsatz amerikanischer Bomber von der Kommandozentrale aus. Über tausend schwere Bomber stehen gegen Köln im Einsatz. Ebenso wonnig fühlt sich Roosevelt darüber, und Hopkins telegrafiert aus dem Weißen Haus an Churchill: „Sie können sich gar nicht die Spannung und Aufmunterung vorstellen, die bei uns allen durch den Bombenangriff hervorgerufen wurde. Was ist eigentlich aus der Liste der unbedingt zu zerstörenden Städte geworden?" Was die Freimaurerbrüder so ungemein belustigt, sieht sich in Köln erschütternd an. Über fünfhundert Tote und weit über fünftausend Verletzte, die ins Krankenhaus eingeliefert werden müssen. Der New York Times scheint das nicht genug. Sie berichtet von zwanzigtausend Toten und über fünfzigtausend Verletzten.

Im Juni 1942 muß Churchill schon wieder nach Washington reisen. Diesmal, weil die amerikanischen Generale Roosevelts Kriegsziel

‚Deutschland zuerst!' durch ein ‚Japan zuerst!' ersetzen wollen. Noch ein anderer Freimaurer findet in diesem Juni den Weg über den Atlantik, der ehemalige Leiter des Berliner Büros der Associated Press, Louis P. Lochner. Canaris mogelte ihn aus einem deutschen Internierungslager heraus und half ihm über die Grenze nach Spanien, damit er seinen Auftrag erfüllen kann, als Verbindungsmann der deutschen Opposition beim amerikanischen Präsidenten zu dienen. Nachdem mehrere Versuche scheiterten, vom Präsidenten empfangen zu werden, legt Lochner die Vorschläge der deutschen Opposition in einem Brief dar. Erneut bittet er, persönlich vortragen zu dürfen. Eine untergeordnete Dienststelle ersucht ihn daraufhin, sein Ersuchen zurückzuziehen, weil es seiner Natur nach größte Verlegenheit verursache. Lochner braucht Zeit, das zu begreifen. Bis ihm klar wird, daß es sich hierbei nicht um den Zufall einer bürokratischen Laune handelt, sondern Roosevelts Politik entspricht. Dieser möchte unter gar keinen Umständen das Vorhandensein einer deutschen Opposition zur Kenntnis nehmen. Denn Deutschland soll diesmal vernichtet werden.

Churchill ist klüger als Lochner. Er bespricht sich zunächst mit Hopkins, um herauszufinden, welche Schwierigkeiten er beim Präsidenten haben wird, die amerikanische Industrie noch gründlicher auf den britischen Kriegsbedarf auszurichten. Und damit sich Roosevelt besser gegen die Generale durchsetzen kann, bringt er ihm eine Meldung seines Geheimdienstchefs mit, an die er durch seine guten Beziehungen zu Canaris gelangte — die Nachricht von einem deutschen Geheimauftrag, von dem nur wenige Männer in Deutschland wissen — dem Auftrag, Schwerwasser zu beschaffen. Churchill und Roosevelt wissen, wozu man Schwerwasser benötigt. „Was geschieht, wenn die Deutschen vor uns die Atombombe ausentwickeln können?" Roosevelt läßt sich gern bereden, die Vernichtung Deutschlands wieder an die erste Stelle zu rücken. Als Gegenleistung muß Churchill seinen Widerstand gegen eine Invasion in Frankreich aufgeben. Und Roosevelt, verärgert über seine Generale, die an den europäischen Krieg nicht heranwollen, beauftragt keinen der ranghöchsten Generale mit dem Oberkommando in Europa, sondern den jungen Brigadegeneral Eisenhower. Churchill weist ihm in Schottland ein Schloß an, damit er dort in aller Ruhe die Invasion vorbereiten könne.

Die englische Großloge kann den finnischen Logenbruder, Marschall Mannerheim, dazu bestimmen, dem deutschen General Dietl zu verbieten, den eisfreien sowjetischen Eismeerhafen Murmansk vom Territorium des verbündeten Finnland aus zu erobern. Alle Versuche, ohne Lufteinsatz und Panzer über die norwegische Tundra noch jene fünfundvierzig

Kilometer von Liza bis Murmansk vorzustoßen, scheitern. Die baumlose, strauchlose Öde, auf die an drei Sommermonaten eine ungewöhnliche Hitze brennt, steht das übrige Jahr unter polarischer Kälte mit Temperaturen von unter fünfzig Grad. Alle Versuche Hitlers, Mannerheim umzustimmen, bleiben vergeblich. Murmansk kann für amerikanische Frachtschiffe offengehalten werden. Allein im ersten Jahr der Hilfslieferung werden dort über dreitausend Flugzeuge, über viertausend Panzer und mehr als eine halbe Million Militärfahrzeuge angeliefert.

Roosevelt bittet seine Generalstabschefs zu einem Lagevortrag. Dabei gehen diese bereits von der Annahme aus, daß das Nildelta binnen zehn Tagen geräumt und der Suezkanal von deutschen Panzern blockiert werden kann. Roosevelt entscheidet: „Es ist von höchster Bedeutung, daß amerikanische Landtruppen 1942 gegen den Feind in Angriff gebracht werden!" Er befiehlt, alles für eine Landung in Nordafrika vorzubereiten. In der Sowjetunion ist gerade die für uneinnehmbar geltende Krimfestung Sewastopol von Deutschen erobert worden. Hitler verlegt sein Hauptquartier in die ukrainischen Wälder von Winniza. Aber einer aus seiner Begleitung, der Jurist Henry Picker, vernimmt schon das Knistern im Gebälk der militärischen Führung. „Ich erlebte zum erstenmal, daß eine Tischeinladung Hitlers von einem Militär — dem Admiral Canaris — unter dienstlichem Vorwand abgelehnt wurde. Hitlers Mißtrauen gegenüber den militärischen Beratern wuchs sichtlich."

Churchill trifft gerade zu einer ersten Aussprache mit Stalin im Kreml ein, der seinen Gast ziemlich unfreundlich behandelt, weil die Entlastungsfront noch immer nicht geschaffen wurde. Nur über die amerikanischen Luftangriffe auf Deutschland zeigt er sich zufrieden. Harriman, der Churchill begleitete, berichtet Roosevelt: „Stalin nahm das Thema selbst auf und sagte, Wohnungen sollten ebenso zerstört werden wie Fabriken. Churchill gab zu, daß die zivile Moral ein militärisches Ziel sei, meinte aber, die Zerstörung von Arbeiterwohnungen sei nur ein Nebenergebnis knapper Fehlwürfe auf Fabriken. Daraufhin entspannte sich das Verhalten, und das Verständnis wuchs für das gemeinsame Ziel. Bald hatten Stalin und Churchill unter sich schon die wichtigsten Industriezentren Deutschlands vernichtet." Doch immer wieder kommt er auf die Entlastungsfront zurück. „Warum habt ihr solche Angst vor den Deutschen? Ich verstehe das nicht! Meine Erfahrung ist, daß Truppen Blut in der Schlacht verlieren müssen. Bevor man nicht ihr Blut fließen läßt, weiß man nicht, was sie taugen."

Die Invasion der Amerikaner und Briten in Algerien ist gut vorbereitet. Einige französische Generale in diesen Kolonien Frankreichs sind eingeweiht worden und haben ihre Mitarbeit zugesagt. Auch General

Juin in Algier. Unerwarteterweise hält sich am Tag vor der Landung noch Pétains Stellvertreter, Admiral Darlan, in Algier auf. Er besucht dort im Krankenhaus den von der Kinderlähmung befallenen Sohn. In der Nacht teilt ihm Juin die bevorstehende Landung der Amerikaner mit. Darlan erklärt ihn für verrückt, sich in diese Sache eingelassen zu haben. Er läßt Juin nun nicht mehr aus den Augen, unternimmt jedoch nichts, die Invasion zu verhindern. Die französischen Streitkräfte in Algerien und Marokko leisten zunächst überall Widerstand. Kaum sind jedoch die Amerikaner an Land, vermittelt Darlan bereits einen Waffenstillstand und übergibt Juin den Oberbefehl über die französischen Streitkräfte. Als Pétain davon erfährt, läßt er Darlan sämtlicher Ämter entheben. Dennoch hofft er, daß es diesem gelingen möge, von Nordafrika aus eine bruchlose Überleitung der Regierung in eine neue französischen Republik zu ermöglichen. Darlan wird jedoch am Heiligabend des Jahres 1942 durch einen fanatischen Anhänger des Generals de Gaulle ermordet.

Nicht einmal in der Schweiz lebt man zu dieser Zeit im Frieden! Zwar kann man das Kriegsgeschehen wie ein Kinobesucher verfolgen, nicht ohne Anteilnahme, jedoch außer Lebensgefahr. Aber nach drei Jahren Krieg hat sich die wirtschaftliche Lage verschlechtert. Die Preise steigen, denn die Schweiz führt mehr Waren ein als sie ausführen kann. Die meisten Lebensmittel sind rationiert. Auf seiner Rationierungskarte bekommt der Schweizer nur unwesentlich mehr Fett als der Deutsche. Lediglich an Käse, Brot und Kartoffeln herrscht kein Mangel. Über Massenvernichtungen an Juden in deutschen Konzentrationslagern liest man wohl in britischen und amerikanischen Blättern, hält diese Meldungen aber für reine Kriegspropaganda, wie man sie schon im ersten Weltkrieg erlebte. Immerhin wurden alle deutschen Konzentrationslager in den letzten drei Jahren zweihundertfünfzigmal durch das Komitee vom Internationalen Roten Kreuz aufgesucht. Dieses Komitee hat seinen Sitz in Genf, und seine dreiundzwanzig Mitglieder sind Schweizer. Alle Eindrücke über die Besuche des Komitees in den Konzentrationslagern wurden in Berichten niedergelegt und veröffentlicht. Von Gaskammern und zum Himmel stinkenden Leichenbergen findet sich darin kein Wort. Auch in den Vereinigten Staaten weiß man offenbar, wie solche Greuelmeldungen zu werten sind. Die amerikanische Bevölkerung ist wohl feindlich gegen Japan eingestellt, nicht aber gegen Deutschland. Roosevelt ist in dieser Hinsicht kein typischer Vertreter seines Landes. In England werden Lord Vansittards Hetzreden im Rundfunk sogar vor dem britischen Parlament als Vansittardismus verurteilt. Roosevelt sagt darum seinem Pressereferenten, daß ein Nachdruck von Vansittards Schrift über die Kollektivschuld des deutschen Volkes viel Gutes stiften könne. Der ehemalige deutsche Reichskanzler, Heinrich Brüning, der an der Harvard Universität im Lowell Haus wohnt, schreibt am 10. Januar 1943 an den amerikanischen Professor Pollock, der Politische Wissenschaften an der Universität von Michigan lehrt: „Ich bin sehr froh, daß Sie Sir Robert Vansittards Ideen ablehnen."

Roosevelt bespricht gerade seine Vorstellungen mit Erzbischof Spellman. Dieser einflußreiche New Yorker Erzbischof schreibt das Gespräch aus dem Gedächtnis nieder, weil ihm Roosevelt etwas Ungeheuerliches mitteilte. Er wolle, daß die Welt nach dem Kriege unter vier Mächten aufgeteilt werde — den Vereinigten Staaten von Amerika, China, Großbritannien und der Sowjetunion. „Während den Vereinigten Staaten die Herrschaft im Pazifik zufallen soll, wird China die Hegemonie über den Fernen Osten bekommen, England, das vorwiegend koloniale Ziele verfolge, erhalte Afrika, und Moskau den europäischen Kontinent. Natürlich müssen sich die europäischen Länder fürchterlichen Veränderungen unterwerfen, um sich der Sowjetunion anzupassen, aber ich denke, daß die europäischen Einflüsse binnen zehn oder zwanzig Jahren die Russen dahin bringen, weniger barbarisch zu sein. Mag dem sein wie auch immer, die Vereinigten Staaten und Großbritannien können nicht gegen die Russen kämpfen!" Erzbischof Spellman ist darüber entsetzt. Besorgt fragt er den Präsidenten, wie die europäischen Völker unter einem derart barbarischen System wie dem in der Sowjetunion, leben sollen. Roosevelt erwidert gelassen: „Ich hoffe, daß sich aus der erzwungenen, bald eine wirkliche und dauerhafte Freundschaft entwickelt. Die europäische Bevölkerung wird einfach die russische Herrschaft in der Hoffnung ertragen müssen, daß sie in zehn oder zwanzig Jahren in der Lage sein wird, gut mit den Russen auszukommen."

Am 9. Januar besteigt Roosevelt ein Kriegsschiff, um zur Konferenz mit Churchill nach Casablanca zu fahren. Dort wird die gesamte militärische Lage besprochen. Eisenhower kommt auf einen Tag hinzu und hält sich zurück. Die Leichtfertigkeit und der Übermut, mit denen der Präsident über militärische und politische Fragen spricht, berühren ihn unangenehm. Aus Algier und Casablanca werden dann die Kriegskorrespondenten zu einer abschließenden Erklärung des Präsidenten zur Konferenz herbeigerufen. Roosevelt liest vom Zettel ab: „Der Präsident und der Premierminister sind nach einer vollkommenen Übersicht der Weltkriegslage mehr denn je überzeugt, daß nur noch durch die völlige Vernichtung der deutschen und japanischen Kriegsmacht Frieden in die Welt kommen kann. Das bedeutet, auf eine einfache Formel gebracht, daß das Ziel dieses Krieges auf bedingungslose Kapitulation Deutschlands, Italiens und Japans abgestellt ist." Diese Erklärung hatte Roosevelt mit

Churchill gar nicht durchgesprochen. Sie überrascht Churchill, der ihr jedoch nicht widerspricht, als er nach dem Präsidenten zu den Presseleuten spricht. Er möchte nicht den Eindruck erwecken, als gebe es zwischen ihm und Roosevelt Meinungsverschiedenheiten! Roosevelt hatte sich zu dieser verhängnisvollen Entscheidung nach einem Gespräch mit Hopkins entschlossen, durch die nun die eigentliche Aufgabe der Konferenz fast zurücktritt, die beiden streitenden französischen Generale, de Gaulle und Giraud, zu einer Übereinkunft zu bringen. Roosevelt berichtet: „Wir hatten soviel Mühe, diese beiden französischen Generale einander näher zu bringen, daß ich bei mir dachte, das ist so schwierig herbeizuführen wie die Begegnung von Grant und Lee*. Und dann war plötzlich die Pressekonferenz im Gange und Winston und ich hatten keine Zeit, uns darauf vorzubereiten, und der Gedanke sprang mir in den Sinn, daß man Grant den ,alten bedingungslosen Kapitulierer' geschimpft hatte, und als nächstes habe ich es auch schon ausgesprochen."

Ende Januar befindet sich Roosevelt wieder in Washington, wo er die Nachricht von der Kapitulation der 6. deutschen Armee in Stalingrad erfährt. Einundneunzigtausend deutsche Soldaten geraten in Gefangenschaft, siebzigtausend sind gefallen. Roosevelt bangt, Stalin könne gerade jetzt, nachdem er einen ersten, durchgreifenden Sieg errang, mit den Deutschen in Friedensverhandlungen eintreten. Eine ganz andere Wirkung übt die Niederlage auf Italien aus. Verschwörergruppen treten immer dreister in Erscheinung. Die bedeutendsten werden von der italienischen Großloge beherrscht. Die eine breitet sich im italienischen Generalstab unter Cavallero, Ambrosio, Roatta und Vercellina aus, die andere unter dem Hochgradmaurer Badoglio, gemeinsam mit d'Acquarone und dem italienischen König. Die dritte besteht aus Funktionären der faschistischen Partei, die sich um Außenminister Ciano sammeln. Anhänger des Duce reisen nach La Rocca, wo Mussolini wegen eines chronischen Magengeschwürs behandelt wird. Sie berichten ihm von Ciano, der zu den Aufsässigen in der Partei, Bottai und Farinacci, Verbindung aufgenommen habe. Er sei mit ihnen bei einem Essen gesehen worden! Stabschef Cavallero bereite sich schon darauf vor, des Duces Nachfolger zu werden. Mussolini kehrt nach Rom zurück. Ciano spricht zu ihm von den Niederlagen in Afrika und Rußland, bringt alarmierende Nachrichten aus Ungarn und Rumänien und rät ihm, sich von Deutschland zu trennen. Mussolini will davon nichts hören. Er warnt seinen Schwiegersohn, denn er werde alle unzuverlässigen Personen aus den Regierungsämtern entlassen. Als ersten setzt er den Stabschef Cavallero ab und macht General

---

* Die beiden Oberbefehlshaber der einander bekämpfenden Süd- und Nordarmee während des amerikanischen Bürgerkrieges von 1861—65.

Ambrosio zu dessem Nachfolger, ohne zu ahnen, daß auch der zur Verschwörergruppe gehört. Dann entläßt er seinen Schwiegersohn als Außenminister, bietet ihm jedoch an, sich selbst ein neues Amt zu wählen. Ciano möchte Botschafter beim Heiligen Stuhl werden, was ihm sein Schwiegervater gewährt. Mussolini muß sein gesamtes Kabinett umbilden.

Auch die sowjetische Regierung bezieht eine neue Einstellung. Sie fühlt sich über die polnische Exilregierung verärgert, die auf die ihr vertraglich zugesicherete Wiederherstellung der polnischen Grenzen von 1939 besteht und darin offenbar noch von der britischen Regierung unterstützt wird. Stalin sieht darin den Versuch, ihm die durch Außenminister Eden bereits zugestandenen ostpolnischen Gebiete wieder streitig zu machen. Noch mehr ärgert ihn der Wortbruch der Alliierten, in Westeuropa eine Entlastungsfront zu schaffen, die stattdessen den leichteren Weg einer Landung in Afrika wählten. Darum entsendet er im März den Leiter der Europa-Abteilung im sowjetischen Außenministerium, Astachow, nach Stockholm, um dort mit dem deutschen Gesandten, Dr. Pfleiderer, Gespräche aufzunehmen. Die beiden sind schon miteinander bekannt. Was der sowjetische Diplomat nun dem deutschen Gesandten vorschlägt, klingt recht verlockend — einen Kompromißfrieden auf der Grundlage der deutsch-sowjetischen Grenzen vom 21. Juni 1941, dem Tag, da Deutschland die Sowjetunion angriff. Ribbentrop trägt Hitler das Angebot als bedeutungslos vor und rät davon ab, weil man Stalin nicht trauen könne. Ribbentrop sagt nichts von der Vorbedingung, die Stalin stellte — seinem Rücktritt als Außenminister, weil er mit ihm nicht noch einmal verhandeln wolle.

In Berlin bekommt Oberkriegsgerichtsrat Dr. Manfred Roeder vom dienstaufsichtführenden Richter des Feldluftwaffengerichts zur besonderen Verwendung eine Strafermittlungsakte der Gestapo vorgelegt. Sie macht Angaben über Angehörige der militärischen Abwehrstelle München. Zwei Offiziere stehen unter Verdacht des Landesverrats. Schon nach kurzem Durchblättern der Akte stellt Dr. Roeder fest, daß noch andere in diese Sache verwickelt sind, sogar der Abwehrchef selbst. Sofort schickt er die Strafermittlungsakte an seinen Vorgesetzten, dem Ministerialdirektor Christian Freiherr von Hammerstein, Leiter der Rechtsabteilung im Oberkommando der Luftwaffe. Der Freimaurer Hammerstein reagiert nervös. Er versichert, daß er die gesamte Beschuldigung für unsinnig halte. Jedoch sei bei der Untersuchung von der durch die Gestapo angebotenen Hilfe kein Gebrauch zu machen. Himmler ist längst über Einzelheiten der Verschwörung unterrichtet, hält nur den Zeitpunkt für ungeeignet, gegen den Leiter der militärischen Abwehr vorzugehen. Er ahnt jedoch, daß er durch die Strafermittlungsakte ein Druckmittel gegen Canaris in die Hand bekommt. Roeder stellt dann auch bei genauem Durchlesen der Akte fest, wie schwer sie den deutschen Abwehrchef belastet. Er soll der Sowjetunion wenigstens dreimal deutsche Angriffspläne verraten haben; zuletzt jene über den Sommerfeldzug des Vorjahres im Raum von Woronesch.

Canaris verrät nicht nur Angriffspläne der Wehrmacht an den Gegner; er enttarnt sogar Spionageabwehrstellen seines Amtes. So wundert sich der Leiter der deutschen Wirtschaftstransportstelle in Sofia, vorgeblich ein Kaufmann in Fischkonserven, der in Wirklichkeit eine Außendienststelle der Abwehr leitet, daß ihm die Zentrale den Oberstleutnant Freiherr von Freytag-Loringhoven in voller Uniform ins Haus schickt, mit roten Generalstabsbiesen an den Hosen. Dieser leitete die Abteilung für Aufklärungsdienst und Abwehr im Generalstab der Heeresgruppe Süd, leitet jetzt jedoch die Abteilung II der militärischen Abwehr für Sabotage und Zersetzung. Loringhoven fordert den Fischkaufmann auf, ihn durch die Innenstadt zu begleiten, weil er sich mit ihm ungestört unterhalten möchte. Der wagt nicht zu widersprechen, fühlt sich jedoch verbittert, da er nun seine gesamte Arbeit zunichte gemacht sieht. Denn vor den Cafés in Sofia sitzen die britischen Agenten, die ihn nun im Gespräch mit einem deutschen Generalstabsoffizier sehen. Er weiß nicht, daß der Oberstleutnant ein Freimaurer hohen Grades ist und gerade deshalb von der Abwehr übernommen wurde, weil er als ein zuverlässiger Putschist gilt. Er hört von ihm über die schlimme Lage an der Ostfront, wo die Rote Armee im nächsten Monat mit Chinesenregimentern zum Großangriff antreten werde. Monate später wird Loringhoven zum Oberst befördert, und zwei Jahre danach tritt er beim Nürnberger Prozeß als Belastungszeuge gegen deutsche Offiziere auf.

Oberkriegsgerichtsrat Roeder meldet sich in Begleitung von Kriminalsekretär Sonderegger bei Admiral Canaris zu Besuch an. Er sagt ihm, daß er vom Präsidenten des Reichskriegsgerichts ermächtigt worden sei, Sonderführer Dohnányi zu verhaften und dessen Diensträume zu durchsuchen. Dohnányi stehe unter Verdacht, sich zahlreicher Devisenvergehen, der Korruption und Verletzung der Dienstaufsichtspflicht schuldig gemacht zu haben. Außerdem bestehe Verdacht auf landesverräterische Umtriebe. Der Herr Admiral möge einen Offizier der Abwehrzentrale beauftragen, der Verhaftung beizuwohnen. Canaris nimmt diese Erklärung ohne Widerspruch hin, obwohl er sich gegen die Durchsuchung von Amtsräumen, in denen militärische Geheimnisse aufbewahrt werden, hätte zur Wehr setzen können. Er sagt nur, daß er der Verhaftung und Durchsuchung selbst beiwohnen wolle. Durch die engen Flure des alten

Hauses führt er die beiden Männer zum Amtsleiter der Abteilung Z, dem Generalmajor Oster. Wie dieser hört, daß sein wichtigster Mitarbeiter verhaftet werden soll, braust er auf. „Ich bitte, mich auch gleich festzunehmen! Herr Dohnányi hat nichts getan, von dem ich nicht weiß." Canaris bringt den aufgebrachten Oster zum Schweigen. Zu viert gehen sie nun weiter zum Amtszimmer Dohnányis. Dr. Roeder erklärt Dohnányi für verhaftet. Dann teilt er ihm mit, daß er sein Zimmer nach belastenden Dokumenten durchsuchen müsse. Dabei strebt er auf den grünen Panzerschrank zu und verlangt die Schlüssel. Dohnányi behauptet, sie nicht bei sich zu haben. Weil Canaris und Oster dazu schweigen, rückt er sie schließlich heraus.

Akte um Akte zieht Roeder aus dem Schrank. Sie enthalten Reiseabrechnungen von Osters politischen Vertrauensmännern. Kriminalsekretär Sonderegger bemerkt, wie Dohnányi erregt auf eine Akte mit der Aufschrift ‚Z' starrt, sich ihr nähert und ihr hastig einige Zettel entwendet. Sonderegger macht Roeder darauf aufmerksam und dieser verlangt von Dohnányi, die entwendeten Zettel wieder herauszugeben. Dohnányi legt sie in die Mappe zurück, wirft aber seinem Logenbruder Oster verzweifelte Blicke zu, zischelt: ‚Die Zettel! Die Zettel!' Daraufhin wendet sich Oster an Roeder und erklärt ihm die Bedeutung des unter strengster Geheimhaltung stehenden Materials. Sonderegger bemerkt, wie sich der Generalmajor dabei mit dem Rücken vor die Akte Z stellt und mit der Hand die drei Zettel wieder aus ihr herausfischt, um sie hastig im Saum seines Rocks zu verstecken. Wieder muß er seinen Vorgesetzten darauf aufmerksam machen. Roeder fordert Generalmajor Oster auf, sofort die entwendeten Schriftstücke herauszugeben. Dann ersucht er Canaris, dem Generalmajor Befehl zu erteilen, augenblicklich das Zimmer zu verlassen.

Erst jetzt sieht er sich die drei maschinenbeschriebenen Bögen genauer an. Der eine enthält eine Notiz, welche Offiziere und Zivilpersonen ihre Entschlossenheit bekundeten, sich für den Sturz der nationalsozialistischen Regierung einzusetzen. Auf dem anderen Bogen ist Deutschland in den Grenzen von 1937 aufgezeichnet, geteilt in einen Südstaat und einen Nordstaat. Der dritte Bogen enthält die Abschrift eines mit ‚O' gezeichneten Briefes, in dem Oster darlegt, wie wichtig es ihm erscheine, wenn ein deutscher evangelischer Geistlicher die Möglichkeiten untersuche, mit Vertretern der katholischen Kirche in Rom und den in Genf und Stockholm vertretenen evangelischen Kirchen für Deutschland eine einheitliche Stellungnahme über den Aufbau einer auf christlichen Glaubenssätzen beruhenden Gesellschaftsordnung abzugeben. Roeder erstattet bei Generalfeldmarschall Keitel eine Dienstaufsichtsbeschwerde gegen Generalmajor Oster. Canaris muß ihn aus seinen Diensten entlassen.

Churchill empfängt an seinem Amtssitz in der Downing Street den Ministerpräsidenten der polnischen Exilregierung, Sikorski. Er hat ihn zum Mittagessen eingeladen, um mit ihm über die Forderung der sowjetischen Regierung zu sprechen, die ostpolnischen Gebiete aufzugeben. Dazu kommt er gar nicht, denn er findet Sikorski äußerst beunruhigt. Zu seinem Verdruß muß er sich von ihm lückenlose Beweise darüber vorlegen lassen, daß die sowjetische Regierung rund fünfzehntausend polnische Kriegsgefangene, zumeist Offizier und Angehörige der Intelligenz, ermorden ließ. Die Leichen lägen bei Katyn in Massengräbern verscharrt. Wie unbeeindruckt erwidert Churchill: „Wenn sie tot sind, so werden Sie nichts tun können, sie wieder ins Leben zu bringen!" Sikorski wundert sich über diese Antwort und schimpft: „Ich werde mein Volk nicht zurückhalten können, sobald die Meldungen darüber bekannt werden!" Churchill sagt, daß man ein Bekanntwerden unbedingt verhindern müsse, denn man könne die sowjetische Regierung nicht noch schärfer herausfordern. Da bekennt ihm Sikorski, bereits alle ihm über Katyn vorliegenden Nachrichten der Presse übergeben zu haben. Churchill tobt. Das von Sikorski abgegebene Pressekommuniqué teilt mit, daß zum Aufbau der polnischen Armee in Rußland achttausenddreihundert polnische Offiziere und siebentausend Unteroffiziere vermißt würden. Alle Anfragen bei der sowjetischen Regierung seien unbeantwortet geblieben. Bei den Funden in den Wäldern von Katyn müsse es sich um Massenermordungen polnischer Offiziere durch die Bolschewisten handeln. Die polnische Regierung ersuche darum das Komitee vom Internationalen Roten Kreuz in Genf, die Leichenfunde von Katyn zu untersuchen.

Diese Pressemitteilung kann Churchill nicht mehr unterdrücken, weil sie auch vor der Auslandspresse abgegeben wurde. Aber er zwingt Sikorski, seinen Antrag an das Internationale Rote Kreuz zurückzuziehen. Der gleichlautende Antrag der deutschen Reichsregierung wird darum in Genf abgewiesen, weil man die Untersuchung nur unter der Bedingung durchführen könne, daß alle davon betroffenen Parteien damit einverstanden seien. Daraufhin wendet sich die Reichsregierung an die europäischen Regierungen, führende Gerichtsmediziner zur Untersuchung der Massengräber nach Smolensk zu entsenden. Aus Genf kommt der ordentliche Professor der Gerichtsmedizin, Dr. Naville. Aus elf weiteren europäischen Ländern, darunter aus Dänemark, Finnland, Belgien, den Niederlanden, Italien und Ungarn, folgen Professoren der Gerichtsmedizin der Einladung. Die französische Regierung bittet Medizinalinspektor Dr. Costedoat, den Arbeiten dieser internationalen Kommission von Gerichtsmedizinern beizuwohnen. Zwei Tage bevor sie in Smolensk eintrifft, bricht die sowjetische Regierung ihre Beziehungen zur polnischen

Exilregierung ab. Nach dreitägigen Untersuchungen gibt die Kommission ihren Befund zu Protokoll. ,Als Todesursache der sämtlich bisher ausgegrabenen Leichen wurde ausnahmslos Kopfschuß festgestellt. Es handelt sich durchweg um Pistolenschüsse von einem Kaliber unter acht Millimetern. Die auffallende Gleichartigkeit der Verletzungen und der Lokalisation des Einschusses in einem ganz beschränkten Bereich der Hinterhauptgegend läßt auf eine geübte Hand schließen. Die Massengräber befinden sich in Waldlichtungen. Sie sind vollkommen geebnet und mit jungen Kiefernbäumchen bepflanzt. Nach eigenem Augenschein der Kommissionsmitglieder und der Aussage des als Sachverständigen zugezogenen Forstmeisters von Herff, handelt es sich um wenigstens fünfjährige, im Schatten großer Bäume schlecht entwickelte Kiefernpflanzen, die vor drei Jahren an dieser Stelle angepflanzt wurden.

Bei den Leichen befinden sich keine Uhren und Ringe, obwohl Uhren nach den mit genauen Zeitangaben versehenen Aufzeichnungen verschiedener Tagebücher bis in die letzten Tage und Stunden hinein vorhanden gewesen sein müssen. Die bei den Leichen vorgefundenen Dokumente, Tagebücher, Briefe, Zeitungen, stammen aus der Zeit vom Herbst 1939 bis März und April 1940. Das letzte bisher festgestellte Datum ist das einer russischen Zeitung vom 22. 4. 1940. Es fehlen gänzlich an den Leichen Insekten und Insektenreste, die aus der Zeit der Einscharrung stammen könnten. Hieraus ergibt sich, daß die Erschießungen und die Einscharrungen in einer kalten, insektenfreien Jahreszeit geschehen sein müssen. Eine große Reihe von Schädeln wurde auf eine Veränderung untersucht, die nach Erfahrungen von Professor Orsos zur Bestimmung der Zeit des Todes von großer Wichtigkeit ist. Es handelt sich hierbei um eine kalktuffartige, mehrschichtige Inkrustation an der Oberfläche des schon lehmartig homogenisierten Gehirnbreis. Solche Erscheinungen sind bei Leichen, die weniger als drei Jahre im Grabe gelegen haben, nicht zu beobachten. Die internationale Kommission befragte auch die in der Nachbarschaft wohnenden Sowjetbürger, auf deren Hinweise hin die Massengräber ausfindt gemacht wurden.'

Etwa zur selben Zeit führt eine Ärztekommission des Polnischen Roten Kreuzes Untersuchungen durch. Darunter befinden sich Mitglieder der polnischen Untergrundbewegung. Sie haben die Aufgabe, alles, was sie herausfinden können, an die polnische Exilregierung in London zu berichten. Obwohl sie sich weigern, ihre Befunde vor deutschen Dienststellen bekanntzugeben, können sie nach London nur melden, daß es sich bei den Leichen einwandfrei um die Gefangenen des sowjetischen Lagers Kozelsk handelt, deren Namen durch sowjetische Dienststellen als Kriegsgefangene angegeben wurden. Die Kommission des Polnischen

Roten Kreuzes harrte wochenlang in Katyn aus. Die unter ihr tätigen Männer der Untergrundbewegung ahnen, welche Gefahr aus dieser Massenhinschlachtung für den geschlossenen Kampf gegen das national-sozialistische Deutschland erwachsen muß. Darum verbreitet man in Polen das Gerücht von einer Massenhinschlachtung polnischer Zivilinternierter im deutschen Konzentrationslager Auschwitz. In den Kellerdruckereien der Untergrundbewegung werden Plakate in polnischer und deutscher Sprache angefertigt, die in der Aufmachung den Bekanntmachungen des Generalgouvernements ähneln.

„Auf Anregung der Hauptabteilung Propaganda der Regierung des Generalgouvernements hat sich am 11. April ein Ausschuß von Vertretern der polnischen Bevölkerung nach Smolensk begeben, um sich an Ort und Stelle von der Brutalität der sowjetischen Polenmörder zu überzeugen. Dadurch soll die polnische Bevölkerung aufgeklärt werden, welch furchtbares Los ihrer harre, wenn es den Sowjets gelungen wäre, ins vorübergehend von Deutschen besetzte polnische Gebiet einzudringen. In Zusammenhang damit wird auf Anordnung der Regierung des Generalgouvernements in nächster Zeit ein gleichartiger Ausflug nach dem Konzentrationslager Auschwitz für ein Komitee aller im Generalgouvernement beheimateten Volksgruppen organisiert. Dieser Ausflug soll beweisen, wie humanitär im Vergleich zu den bolschewistischen Methoden die deutschen Einrichtungen sind, mit Hilfe derer die Massenliquidation der polnischen Bevölkerung durchgeführt wird. Die deutsche Wissenschaft hat hier Ungeheures für die europäische Kultur geleistet, denn anstatt eines grausigen, primitiven Massenmordens der unbequemen Bevölkerung kann man in Auschwitz Gas- und Dampfkammern, elektrische Platten undsoweiter sehen, mit deren Hilfe Tausende von Polen in kürzester Zeit auf eine Weise, die der Ehre des großen deutschen Volkes entspricht, vom Leben zum Tode befördert werden. Es genügt, darauf hinzuweisen, daß das Krematorium allein am Tag dreitausend Leichen einäschern kann."

Tatsächlich gibt es in Auschwitz nur ein kleines Krematorium mit drei Krematorienöfen zur Verbrennung verstorbener Häftlinge. Die durchschnittliche Belegung des Lagers Auschwitz liegt bei zwanzigtausend. In einer Stadt dieser Einwohnerzahl rechnet man mit einer durchschnittlichen Sterbeziffer von achthundert im Jahr; in Kriegszeiten und unter Seuchenverhältnissen das doppelte bis vielfache. Weil keine Leichen anders als in Urnen bestattet werden können, hat man das Krematorium in Auschwitz bereits für normale Verhältnisse als zu klein befunden und darum für das Lager in Birkenau den Bau eines größeren Krematoriums mit fünfzehn Krematorienöfen in Auftrag gegeben, das jedoch noch nicht fertiggestellt war, als im Sommer 1942 bei einer schweren Thyphusepidemie Tausende von Häftlingen starben. Die Leichen mußten in großen Gruben verbrannt werden, was der anliegenden Bevölkerung vom Brandgeruch her nicht verborgen bleiben konnte. Der polnischen Untergrundbewegung geht es jedoch allein darum, die Bevölkerung Polens, die von den Leichenfunden in Katyn entsetzt ist, davon abzuhalten, mit den Deutschen zu kolaborieren.

Roosevelt rät Churchill, der ihn gerade in Washington besucht, daß in London eine gemäßigtere, fügsamere polnische Exilregierung gebildet werden müsse, die dem sowjetischen Verbündeten keinen solchen Verdruß bereite. Danach würde man in Moskau gewiß von selbst davon absehen, eine polnische Exilregierung nach eigenem Geschmack zu bilden. Churchill berichtet von seinem Ärger mit General Sikorski. Der weigere sich, seinen Informationsminister Professor Kot zu entlassen, was er ihm nahegelegt habe, weil Kot als ehemaliger polnischer Botschafter in Moskau kein gutes Verhältnis zu Stalin finde. Die gesamte britische Presse habe auf seine Weisung hin Sikorski getadelt, weil seine Einstellung zur Sowjetunion das Bündnis mit Stalin gefährde. Kurz angebunden erwidert Roosevelt, daß ein solcher Mann dann eben beseitigt werden müsse.

Von seiner Amerikareise zurückgekehrt, bekommt Churchill einen Brief von General Sikorski. „Wie Sie wissen, reise ich in Kürze in den Nahen Osten, um die dort stationierten polnischen Truppen zu inspizieren." Churchill fühlt sich über Sikorskis Reisepläne erleichtert, denn er weiß, daß er nicht mehr nach England zurückkehren wird. Zwei polnische Minister bekommen böse Ahnungen. Sie versuchen, Sikorski von seinem Reisevorhaben abzubringen. Ein Angestellter der Informationsabteilung des polnischen Verteidigungsministeriums bekommt sogar kurz vor Abreise des Generals von einem Chiffrierbeamten des britischen Kriegsministeriums den Hinweis, General Sikorski auf keinen Fall in den Nahen Osten reisen zu lassen. Der polnische Ministerpräsident weist alle Warnungen als lächerlich zurück. Auf dem Flugplatz Lyneham steigt er in einen Bomber, den der erfahrene tschechische Fliegerhauptmann Prchal fliegt.

In der Londoner Clifton Street warten die Minister der polnischen Exilregierung gespannt auf einen Anruf, der ihnen die Ankunft Sikorskis in Kairo meldet. Endlich läutet das Telefon. Minister Popiel nimmt ab. „Spreche ich mit Herrn Popiel? Haben Sie schon die Nachricht gehört, Herr Minister! Das Flugzeug von General Sikorski ist bei Gibraltar abgestürzt. Alle Passagiere kamen ums Leben." Popiel ruft aufgeregt zurück: „Was reden Sie da für einen Unsinn, und wer sind Sie überhaupt?" Der Anrufer hat bereits aufgehängt. Popiel setzt sich sofort mit zwei Regierungskollegen in Verbindung. Verblüfft erfährt er, daß sie genau dieselben Anrufe erhielten. Aber Sikorski trifft wohlbehalten in Kairo ein. Sechs Wochen später befindet er sich bereits auf dem Rückflug. Wieder macht sein Flugzeug auf Gibraltar Zwischenstation. Für elf Uhr nachts ist der Weiterflug nach London festgesetzt. Hauptmann Prchal kommt in Fliegerkluft auf den Platz. Niemand nimmt Anstoß daran, daß er wieder einmal die vorgeschriebene Rettungsweste nicht angelegt hat, denn er ist ein berühmter Flieger, von dem man weiß, daß er immer ohne Rettungsweste fliegt. Sikorski klettert durch die Heckluke in den Rumpf der Maschine. Das Flugzeug hebt von der Landebahn ab, und Geschwaderkommandeur Simson sagt noch: „Man kann sofort sehen, daß Prchal am Steuerknüppel sitzt!" Denn der läßt die Maschine steil aufsteigen, zieht dann einen flachen Bogen nach unten, damit sie an Geschwindigkeit gewinnt und schneller die vorgesehene Höhe erreicht. Da sehen sie, wie die Positionslampen an Höhe verlieren, dann vollends unter den Rand der Startbahn verschwinden, die viereinhalb Meter über der Meeresoberfläche liegt. „Mein Gott, er ist ins Meer gestürzt!" ruft Simson. Die polnischen Offiziere schreien entsetzt auf. „Das ist das Ende für Polen!"

In aller Eile wird ein Schnellboot an die Unglücksstelle geschickt, wo nur noch kleinere Wrackteile an der Oberfläche treiben. Ein einziges Besatzungsmitglied kann lebend geborgen werden. Auf der Tragbahre wird es herangetragen. Es ist Prchal. Zum Erstaunen der Flugplatzoffiziere trägt er eine Schwimmweste. Sie ist nicht nur eilig übergehängt worden, sondern sorgfältig mit allen Riemen und Schnallen befestigt.

Allzu schnell gehen die Kriegsereignisse über Sikorskis tödlichen Unfall hinweg. Am Morgen des 9. Juli 1943 läuft eine Flotte von über zweitausendsiebenhundert Schiffen von verschiedenen Häfen Nordafrikas aus, mit einer halben Million britischer und amerikanischer Soldaten an Bord. Sie nehmen Kurs auf Sizilien. Die Landung, obwohl seit Tagen von den Italienern erwartet, verläuft ohne Zwischenfälle. Der einzige ernsthafte Gegenangriff erfolgt durch eine motorisierte deutsche Division. Wenige Tage später verlangt ein Hochgradmaurer im faschistischen Staat, Marschall Badoglio, zusammen mit Grandi, die Einberufung des Faschistischen Großrats. Wider Erwarten stimmt Mussolini sofort zu und setzt die Einberufung des Großrats kurzfristig auf den 24. Juli an. Das überrascht die Verschwörer, die mit dem 7. August gerechnet hatten. Mussolini zeigt sich nicht sonderlich beunruhigt, als er, von seiner Frau begleitet, zum Auto geht, um zur Sitzung zu fahren. Dabei hatte Rachele ihrem Mann von den Machenschaften Badoglios und Grandis berichtet und gesagt, die Versammlung des Großrats solle nur einen verfassungsmäßigen Vorwand für seinen Sturz abgeben. Sie kann es nicht unterlassen, ihm noch nachzurufen: „Laß sie alle verhaften, Benito, noch ehe die Sitzung beginnt!" Ihr Mann winkt müde ab.

Die Sitzung ist auf 17 Uhr im Palazzo Venezia angesetzt. Von den neunzehn Mitgliedern des Faschistischen Großrats gehören vierzehn der Loge an. Mussolini eröffnet die Sitzung mit einem Bericht zur allgemeinen Lage.Er sagt, daß er auf Sizilien einen stärkeren Widerstand der italienischen Truppen erwartet habe. Daraufhin wirft ihm Marschall de Bono vor, den italienischen Soldaten beleidigt zu haben, zieht den Revolver und ruft, er könne nicht zulassen, daß in dieser Weise von der eigenen Armee gesprochen werde. Mussolini gerät darüber aus der Fassung, maßregelt den faschistischen Marschall und setzt seine Ansprache fort. Nach dieser Rede bringt Grandi eine Resolution ein. Er beantragt, den Duce von einigen Staatsaufgaben zu entlasten, damit er sich stärker der allgemeinen Politik widmen könne. Mussolini ist Parteiführer, Ministerpräsident, Innenminister und Oberbefehlshaber der Armee. Grandi schlägt vor, der Duce möge den König ersuchen, zum Heile des Landes den wirklichen Oberbefehl über die Armee und die letzte Entschlußfassung für alle Entscheidungen zu übernehmen. Mussolini, der unter heftigen Magenschmerzen leidet, läßt abstimmen. Grandis Antrag wird angenommen. Sogar Mussolinis Schwiegersohn Ciano stimmt ihm zu. Die Sitzung dauert bis in den frühen Morgen. Aber schon um neun sitzt Mussolini wieder im Palazzo Venezia. Er läßt nach Grandi rufen. Der ist nicht auffindbar. Dann meldet sich Mussolini zu einer Audienz beim König an, um ihn über die Ergebnisse der Sitzung zu unterrichten. Viktor Emanuel läßt auf Antwort warten, denn er will sich zunächst mit dem Herzog D'Acquarone und Generalstabschef Ambrosio beraten. Schließlich setzt er die Audienz auf siebzehn Uhr fest. Zu dieser Zeit hält Badoglio bereits seine Ernennung zum Ministerpräsidenten in der Hand.

Als Rachele hört, daß ihr Mann eine Audienz beim König habe, bestürmt sie ihn, nicht hinzugehen. Mussolini ärgert sich über seine argwöhnisch gewordene Frau. „Es ist ausgeschlossen, daß sich der König gegen mich stellt, Rachele! Wenn er das tut, zerstört er nicht nur sich selbst, sondern die Monarchie und Italien." Gegen halb fünf kommt Mussolinis Privatsekretär de Cesare, der ihn zum König begleiten muß. Auf Wunsch des Königs geht Mussolini in Zivil zur Audienz. Ruhig und zurückhaltend empfängt ihn Viktor Emanuel. Mussolini erstattet ihm Bericht über die militärische und politische Lage. Er berichtet auch über die Lage in Sizilien, über die Gefahr einer Invasion auf dem Festland, über die Luftangriffe und über die Entscheidung des Faschistischen Großrats. Als er von seinen Zukunftsplänen sprechen will, unterbricht ihn der König. Der Faschistische Großrat habe ihm das Mißtrauen ausgesprochen und die

Zukunft der Nation der Krone selbst anvertraut. Dadurch sei eine Lage eingetreten, die es ihm nicht mehr erlaube, Zukunftspläne aufzustellen. „Ich muß Ihnen mitteilen, daß Ihr Nachfolger in der Ministerpräsidentschaft bereits bestimmt ist und sein Amt schon angetreten hat, nämlich Marschall Badoglio. Stellen Sie sich ihm zur Verfügung!" Mussolini erwidert, daß der König damit einen Entschluß gefaßt habe, der schwerwiegende Folgen haben könne. Der König unterbricht ihn: „Tut mir leid, aber eine andere Lösung war nicht mehr möglich!" Die Audienz ist beendet. Der König reicht Mussolini die Hand, während man dessen Fahrer ans Telefon ruft und auf dem Weg dorthin verhaften läßt. In Begleitung de Cesares verläßt Mussolini den Palast. Ein Carabinieri-Offizier tritt auf ihn zu und sagt: „Seine Majestät hat mich mit Ihrem persönlichen Schutz beauftragt." Mussolini winkt ab, will auf seinen Wagen zugehen, da stellt sich ihm der Carabinieri in den Weg. „Nein, Exzellenz, Sie müssen mit meinem Wagen fahren! Ich handle auf Befehl." Daraufhin läßt sich Mussolini widerspruchslos zu einem Krankenwagen führen. Erst da begreift er, daß er Gefangener ist.

Badoglio gibt öffentlich die Erklärung ab: „Der Krieg geht weiter. Italien, das durch die Invasion seiner Provinzen und durch seine in Trümmer gelegten Städte schmerzlich getroffen, wird sein Wort halten, eingedenk seiner antiken Traditionen." Weder Hitler nach Churchill scheinen von diesen antiken Traditionen viel zu halten. Churchill telegrafiert an Roosevelt: „Die angekündigten Veränderungen in Italien tragen vermutlich Friedensangebote in sich. Wir sollten uns beraten, um gemeinsam vorzugehen." Hitler schickt Canaris nach Italien, um herauszufinden, inwieweit man sich auf Badoglios Wort verlassen könne. Der Admiral fliegt mit Lahousen und Loringhoven nach Venedig, wo sie Gespräche mit dem italienischen Abwehrchef Amé führen. General Amé hat in Erfahrung gebracht, daß drei deutsche Divisionen nach Italien verlegt werden sollen, die aber nicht an die Front nach Sizilien, sondern in das verteidigungsfähige Mittelitalien kommen sollen. General Amé versichert seinen deutschen Gästen unverbrüchliche Waffenbruderschaft. In einer Konferenzpause schlägt Canaris dem General einen Spaziergang zu zweit vor. Amé willigt ein. Schweigend gehen sie eine Weile nebeneinander her. Plötzlich sagt Canaris: „Übrigens — herzlichen Glückwunsch!" Amé schaut ihn fragend an. „Meinen Glückwunsch zu eurem 25. Juli! Auch für uns wäre ein solcher erforderlich. Deutschland träumt nur noch davon, sich von Hitler zu befreien." Amé weiß nicht, wie er sich verhalten soll. Er befürchtet, es könne eine Falle sein und schweigt. Nachdem sich ihm Canaris durch Handzeichen als Freimaurer zu erkennen gegeben hat, gewinnt er Zutrauen und sagt: „Herr Admiral, ich vertraue auf ihre unbedingte Verschwiegenheit. Wir suchen heute nur Zeit zu gewinnen. Der Waffenstillstand wird binnen Kürze erbeten. Es ist jedoch nötig, daß Italien nicht durch eine sofortige und harte nazistische Besetzung gelähmt wird." Canaris rät dem italienischen Logenbruder: „Um das zu erreichen, gibt es nur ein Mittel — auf jede Weise verhindern, daß die Wehrmacht ihre Truppen in Italien verstärkt. Mit einem Wort — sucht so wenig wie möglich deutsche Truppen nach Italien gelangen zu lassen!"

Canaris fliegt nach Berlin zurück und beteuert Keitel: „Ich halte es für ausgeschlossen, daß Italien von sich aus etwas unternehmen wird, den Krieg zu beenden." In diesem Augenblick schickt Badoglio bereits den Marquis d'Ageta nach Lissabon, um mit der britischen Regierung Waffenstillstandsverhandlungen vorzubereiten.

In Washington verhandelt gerade der Finanzminister mit dem sowjetischen Botschafter Gromyko. Morgenthau hat ihn zu sich gebeten, weil sich die sowjetische Regierung gegenüber allen amerikanischen Vorschlägen zu einer Weltwährungskonferenz außerordentlich zurückhaltend zeigte. Er bietet ihr darum Hilfslieferungen großen Ausmaßes auch für die Nachkriegszeit an, wenn sie die amerikanische Oberherrschaft in allen Währungsfragen anerkenne. Auch Roosevelt ist wegen der zunehmenden Bärbeißigkeit Stalins besorgt und vermutet, daß dies an Churchills Unnachgiebigkeit liegen müsse. Stalins Antwort auf das amerikanische Angebot, sowjetische Offiziere zu schicken, um die in Kürze erwartete bedingungslose Kapitulation Italiens entgegenzunehmen, fiel geradezu beleidigend aus. Er läßt darum eine Studie anfertigen, die er zur Konferenz mit Churchill in Quebec mitnehmen will. Ihr Ergebnis: „Rußlands Nachkriegsstellung in Europa wird beherrschend sein. Wenn Deutschland zerschlagen ist, gibt es keine Macht in Europa, die seinen gewaltigen militärischen Kräften widerstünde. Zwar baut Großbritannien eine Stellung im Mittelmeer gegenüber Rußland auf, die es für das Gleichgewicht der Mächte in Europa nützlich finden mag. Doch würde es selbst nicht imstande sein, sich Rußland zu widersetzen, außer, wenn es von dritter Seite unterstützt würde." Daraus folgert man: „Weil Rußland der entscheidende Faktor im Krieg ist, muß ihm jegliche Unterstützung zuteil werden, und jede Anstrengung wird nötig sein, um seine Freundschaft zu gewinnen. Weil Rußland nach der Niederlage der Achsenmächte zweifellos Europa beherrschen wird, erscheint es umso wesentlicher, die freundschaftlichsten Beziehungen mit ihm zu entwickeln und aufrecht zu erhalten. Drittens liegt der wichtigste Grundsatz, den die Vereinigten Staaten in Bezug auf Rußland zu beachten haben, in der Fortführung des Krieges im Pazifik. Mit Rußland als Verbündetem im

Krieg gegen Japan kann dieser in kürzester Zeit und mit weniger Verlusten an Menschenleben und Material beendet werden, als ohne einen solchen Verbündeten. Sollte der Krieg im Pazifik mit einer unfreundlichen oder ablehnenden Haltung seitens Rußland weitergeführt werden müssen, so würden dadurch die Schwierigkeiten unermeßlich gesteigert und die Operationen können fehlschlagen."

Auf Sizilien kommt der italienische Generalstabschef Castellano mit dem amerikanischen Generalleutnant Bedell Smith zusammen. Er beteuert, daß die italienische Regierung sofort um Waffenstillstand nachsuchen würde, wenn man dazu noch freie Hand hätte. Aber die Deutschen schickten immer mehr Truppen nach Italien und brächten dadurch das Land unter ihre Besatzung. Er müsse sicher gehen können, daß die alliierte Landung in Italien stark genug sein werde, um die Sicherheit des Königs und der Regierung in Rom zu garantieren. Bedell Smith erwidert, daß er die Verhandlungen nicht fortführen könne, wenn Italien erst nach erfolgter Landung der Alliierten den Waffenstillstand anbieten wolle. Eisenhower begreift jedoch die Angst der italienischen Regierung und schlägt Castellano eine alliierte Luftlandung nahe Roms vor, vorausgesetzt, daß sich Badoglio verpflichte, den Waffenstillstand bedingungslos zu unterzeichnen, zusichere, alle Flugplätze für den alliierten Nachschub bereitzuhalten und dafür sorge, daß jegliche Flugabwehr unterbleibe. Dafür sichere er ihm eine ehrenvolle Behandlung zu und räume ihm auch die Möglichkeit ein, Italien noch im Krieg seine Verbündeten wechseln zu lassen.

Drei Tage später besetzt die deutsche Wehrmacht Rom, und am Tage danach verfolgt der Gefangene Mussolini von seinem Zimmerfenster im Berghotel Campo Imperatore aus, wie deutsche Lastensegler auf die Berghänge dieses unwegsamen Gran Sasso Gebirges zuschweben. Gespannt schaut er den Vorgängen zu, bis er sieht, wie der italienische General Soleti von einem deutschen SS-Führer mit dem Revolver auf das Hotel zugetrieben wird, damit er den Wachen Befehl erteile, nicht zu schießen. Da beugt er sich aus dem Fenster und ruft in deutscher und italienischer Sprache: „Nicht schießen!" SS-Führer Scorzeny kommt in sein Zimmer und teilt ihm mit, daß er Befehl habe, ihn zu seiner Familie nach Wien zu fliegen.

Am 8. September, morgens halb sieben, gibt General Eisenhower über Radio Algier die bedingungslose Kapitulation Italiens bekannt. Noch ist man nicht sicher, ob sich Badoglio mit dem ungünstigen Ergebnis der bedingungslosen Kapitulation durchsetzen kann. Doch kaum hat Eisenhower geendet, als Radio Italiana seine Sendung unterbricht und Badoglio mit müder Stimme die Kapitulation Italiens verkündet.

Roosevelt befaßt sich gerade damit, die verfassungsmäßigen Hindernisse aus dem Weg zu räumen, die bisher jedem amerikanischen Präsidenten im Weg standen, die Vereinigten Staaten in ein internationales Aufsichtsgremium wie dem Sicherheitsrat der Vereinten Nationen zu bringen. Der amerikanische Kongreß möchte sich seine Befugnisse nicht schmälern lassen. Doch am 21. September gelingt es dem Präsidenten, mit voller Unterstützung der Zionisten und den von ihnen beherrschten Logen, im Repräsentantenhaus die Fullbright-Entschließung mit der erforderlichen Zweidrittelmehrheit durchzusetzen. Durch Annahme dieser Entschließung vergibt das amerikanische Repräsentantenhaus sein Mitspracherecht bei allen außenpolitischen Entscheidungen. Jetzt will Roosevelt unbedingt die sowjetische Regierung an eine gemeinsame Nachkriegspolitik binden, bei der die Vereinigten Staaten wegen ihrer Kapitalüberlegenheit den Ausschlag gäben. Gemeinsame Beratungen der drei Außenminister Hull, Eden und Molotow sollen in Moskau stattfinden.

Diese Konferenz beginnt unfreundlich. Molotow zeigt für eine gemeinsame Nachkriegspolitik keine Aufmerksamkeit. Er wirft stattdessen immer wieder die Forderung nach einer Entlastungsfront in Westeuropa auf. Auch Stalin will kein anderes Gespräch führen. Um die Beratungen dennoch auf ein anderes Thema zu bringen, sichert Eden der Sowjetregierung einen fetten Anteil an der italienischen Flotte zu. Auch Hull schmeichelt Stalin. „Sie haben keine Ahnung, wie groß Ihr Ansehen in der Welt ist und wie notwendig es daher für Sie wäre, unverzüglich die Führung zu übernehmen!" Als er Edens säuerliches Gesicht sieht, fügt er hinzu: „Gemeinsam mit Roosevelt und Churchill." Endlich findet sich Stalin bereit, über die Bildung eines Europäischen Beratenden Ausschusses mit Sitz in London zu sprechen. Dieser Ausschuß soll die Pläne vorbereiten, Deutschland in drei Besatzungszonen aufzuteilen. Ein Problem stellten dabei noch die Deutschen dar. Werden sie sich mit einer dauernden Besatzung ihres Landes abfinden? Man wird sich darüber klar, daß dies nur gelinge, wenn man eine anhaltende Demoralisierung des Volkes erwirke. Etwa durch unerhörte Vorwürfe von Kriegsgreueln, die alles in den Schatten setzen würden, was mit den Entdeckungen von Katyn an die Öffentlichkeit gelangte. Stalin ist von dieser Idee begeistert. So kann Außenminister Hull von ihm zwei vertrauliche Briefe dem Präsidenten mitbringen. Die Sowjetunion werde sich nach dem Sieg über Deutschland am Krieg gegen Japan beteiligen; er sei bereit, mit Roosevelt und Churchill in Teheran zusammenzutreffen.

Dieser ersten Begegnung mit Stalin sieht Roosevelt mit jungenhafter Begeisterung entgegen. Am 13. November geht er mit seinem Beraterstab an Bord des Schlachtschiffes Iowa, um nach Oran in Afrika zu fahren. Von dort aus geht es auf dem Luftweg weiter. Stalin empfängt die beiden Zivilisten Roosevelt und Churchill in der Paradeuniform eines Sowjetmarschalls. Churchill, darüber verlegen, legt am anderen Tag die Uniform eines Obristen der britischen Luftwaffe an. Stalin ist von Roosevelt enttäuscht. Er findet ihn nervös, flüchtig, übertrieben optimistisch und merkwürdig geschwätzig, sogar naiv. Es paßt ihm nicht, von diesem Millionärssöhnchen wie Seinesgleichen behandelt zu werden. Doch bemüht er sich, ihm gegenüber zuvorkommend zu erscheinen. Er fordert ihn sogar auf, aus der amerikanischen Gesandtschaft in die schwerbewachte Sowjetbotschaft umzusiedeln. Aus Sicherheitsgründen! In den gemeinsamen Gesprächen besteht Stalin unnachgiebig auf die zugesagte Invasion in Frankreich für Mai, damit er seine Sommeroffensive darauf abstimmen könne. Churchill bietet eine Landung auf dem Balkan an, um auf diese Weise die sowjetische Front zu entlasten. Stalin lehnt ab. Roosevelt rückt mit seiner Lieblingsidee heraus — die Beherrschung der Welt durch vier Weltpolizeimächte. Stalin geht nicht darauf ein. Er bringt das Gespräch immer wieder auf Deutschland. Die ganze Stärke von Hitlers mächtiger Armee hänge von etwa fünfzigtausend Offizieren und Fachleuten ab. Wenn sie zusammengetrieben und bei Kriegsende erschossen würden, wäre Deutschlands militärische Kraft restlos vernichtet. In einem Trinkspruch drückt er den Wunsch auf die schnellste Aburteilung aller Kriegsverbrecher aus — der Aburteilung durch Erschießen. „Ich trinke auf unser Einvernehmen, sie so schnell zu erledigen wie wir sie fangen, alle von ihnen, und es müssen wenigstens fünfzigtausend von ihnen sein, besser aber hunderttausend!" Roosevelt grinst zufrieden. Churchill aber springt auf und protestiert. „Das britische Parlament und das britische Volk würden niemals Massenhinrichtungen dulden! Sogar wenn man sie anfangs in der Kriegsleidenschaft zuließe, würden sie sich heftig gegen die Verantwortlichen wenden, sobald die erste Schlächterei passiert ist. In dieser Hinsicht darf sich die sowjetische Regierung keinen Täuschungen hingeben!"

Es tritt peinliche Stille ein, bis diese Rede ins Russische übersetzt ist. Roosevelt befürchtet, Stalin könne sich beleidigt fühlen. Doch dieser beharrt unberührt auf seiner Forderung, daß wenigstens fünfzigtausend Deutsche umgelegt werden müßten. Churchill lehnt sich so heftig dagegen auf, daß Roosevelt schließlich versucht, die Sache mit einem Scherz abzutun: „Also gut, nicht fünfzigtausend, sondern nur neunundvierzigtausend!" Eden gibt Churchill einen Wink, sich mit dieser Angelegenheit nicht weiter zu befassen, man könne den ganzen Vorschlag dann später als Scherz abtun. Als dann jedoch Roosevelts Sohn Eliot in einem Trinkspruch versichert, wie herzlich die amerikanische Armee mit Marschall

Stalins Plan einverstanden sein werde, erhebt sich Churchill und geht vom Tisch. Nach dem Essen am Abend setzt sich Stalin zu Churchill und Eden aufs Sofa und spricht über seine Sorge, die Deutschen könnten sich in fünfzehn oder zwanzig Jahren wieder erholen. Churchill weist auf die für Deutschland vorgesehenen Kontrollen hin. Stalin erwidert ungeduldig: „Alles gut und schön, aber ungenügend! Auch Uhrenwerke und Fabriken für Haushaltsgeräte können Granaten herstellen."

Weil Stalin auch noch das den Polen zugesagte Ostpreußen zur Hälfte für die Sowjetunion beansprucht, schlägt Eden vor, die Polen durch deutsches Gebiet östlich von Oder und Neiße zu entschädigen. Roosevelt fragt Stalin, ob er vermute, daß die Aussiedlung der Deutschen aus diesem Gebiet auf freiwilliger Grundlage möglich sein werde. Stalin bejaht das und erkundigt sich, ob noch weitere Fragen anstünden. Da bringt Roosevelt die Teilung Deutschlands ins Gespräch. Er sei für eine Aufteilung in fünf Staaten: Restpreußen, Nordwestdeutschland, Sachsen, Hessen und Süddeutschland. Außerdem sollten Hamburg und Kiel, ebenso das Ruhrgebiet und das Saarland, unter internationale Kontrolle gestellt werden. Churchill raunt ihm zu, er habe das Maul ja ordentlich voll genommen. Stalin findet jedoch Roosevelts Vorschlag gut, weil das der sicherste Weg sei, Deutschland zu schwächen. Wichtig erscheine ihm nur noch, eine dauernde Besetzung Deutschlands zu beschließen. Roosevelt ist sofort dazu bereit. Bei einem Privatgespräch mit Stalin bringt er noch einmal seinen Lieblingsplan ins Gespräch — die Weltregierung durch den Sicherheitsrat der Vereinten Nationen. Stalin erkundigt sich, ob er europäisch oder weltweit wirken solle, und ob dessen Beschlüsse für alle bindend sein würden. Roosevelts Antwort befriedigt ihn: „Der amerikanische Kongreß würde keinem Beitritt der Vereinigten Staaten in eine internationale Versammlung zustimmen, in der man sich fremden Beschlüssen zu unterwerfen habe. Es ist darum für die vier Großmächte, die Vereinigten Staaten von Amerika, die Sowjetunion, Großbritannien und China, ein Vetorecht vorgesehen." Stalin meint, daß er China allerdings für zu schwach halte, um für die übrigen Mitgliedsstaaten der Vereinten Nationen als Autorität zu gelten.

Nach Washington zurückgekehrt, vertraut Roosevelt dem Stabschef der Heeresluftwaffe an, ihm habe Churchill offenherzig bekannt, er würde die Russen fürchten und er warne vor der Zeit in zwanzig Jahren. Finanzminister Morgenthau trifft eine ganz andere Feststellung. In einer vertraulichen Aktennotiz legt er dar, welche Mühe es ihm gekostet, ein Telegramm des amerikanischen Gesandten aus Bern an das Außenministerium zu Gesicht zu bekommen. ,Der Inhalt des Telegramms gehe dem Finanzminister nichts an', habe Hull bestimmt. Durch den im Außenministerium angestellten Donald Hiss läßt er sich eine Abschrift des Telegramms besorgen, dessen Inhalt ihm längst bekannt ist. Es handelt sich um einen bestellten Bericht, in dem ein ungenannter Informant über die amerikanische Gesandtschaft in Bern dem Rabbiner Stephen Wise vom Amerikanisch-Jüdischen Kongreß erzählt, daß an einem Ort in Polen täglich sechstausend Juden getötet würden. Vorher müßten sich die Juden völlig entkleiden, damit ihre Kleidungen nach Deutschland geschickt werden könnten. In Polen würden viele Juden deportiert und viele nähmen sich dort das Leben. Auf der Kopie ist der handschriftliche Vermerk zu sehen, daß die Mitteilung an Rabbiner Wise weitergeleitet worden sei. Hiss liefert auch die Kopie eines zweiten Telegramms, das vom Außenminister gezeichnet und an die Gesandtschaft in Bern abging: „Es wird empfohlen, in Zukunft keine Ihnen zur Weiterleitung an Privatpersonen in den Vereinigten Staaten übergebenen Berichte anzunehmen, wenn nicht außergewöhnliche Umstände eine derartige Maßnahme empfehlenswert machen." Hull möchte sich nicht zum Träger von Greuelmeldungen machen, an denen irgendwelche Gruppen interessiert sind, für die es aber keine zuverlässigen Beweise gibt.

Eisenhower verbringt die Weihnachtstage in Amerika. Bevor er in den ersten Tagen des Jahres 1944 nach Europa zurückfährt, besucht er den Präsidenten im Weißen Haus, um ihm eine gemischte Besatzung Deutschlands vorzuschlagen. „Die Möglichkeiten der Zusammenarbeit werden dann rasch auf die Probe gestellt." Roosevelt lehnt ab und sagt, er möchte jegliche politische Reiberei mit Stalin vermeiden, um ihn an seine Zusage zu binden, Japan nach Deutschlands Niederlage den Krieg zu erklären. Eisenhower empfiehlt, den Zusammenbruch der Deutschen dadurch zu beschleunigen, indem man den Begriff ‚bedingungslose Kapitulation' abmildere, indem man sage, wie man ein geschlagenes Volk behandeln wolle. Es müsse die Widerstandskraft verhärten, wenn man sage, daß man alle Deutschen bestrafen und für alle Zeit zeichnen wolle. Roosevelt lehnt auch das ab.

Churchill sieht sich ebenfalls genötigt, seinem Kabinett die für Deutschland gewählte Formel zu erklären: „Mit bedingungsloser Übergabe meine ich, daß die Deutschen keine Rechte auf irgendeine besondere Art Behandlung haben. Zum Beispiel würde die Atlantik-Charta auf sie von rechts wegen nicht zutreffen." Dann spricht er von den Forderungen Stalins gegenüber dem besiegten Deutschland: „Stalin erwähnte in Teheran, daß er sicher mindestens vier Millionen Deutsche zur Arbeit für viele Jahre beanspruchen werde, um die von ihnen in Rußland angerichteten Zerstörungen wiedergutzumachen. Die Russen werden vermutlich auch verlangen, daß eine sehr große Zahl von deutschen Offizieren entweder umgebracht oder auf viele Jahre interniert werde. Ich selbst machte den Vorschlag, eine Liste von etwa fünfzig bis hundert besonders notorischen Sündern zu veröffentlichen, in der Absicht, die Masse des Volkes von denen zu scheiden, die aus der Hand der Alliierten die Todesstrafe erleiden werden, um jegliche Art von Massenhinrichtungen zu vermeiden. Aber diese Vorschläge wurden in Teheran als viel zu nachsichtig verlacht."

Admiral Canaris weilt gerade in Rom. Das deutsche Hauptquartier des Oberbefehlshabers Südwest ist im Norden der Stadt untergebracht. Man ist dort gerade dabei, an der schmalsten Stelle des Landes, südlich von Rom, eine haltbare Verteidigungsstellung gegen die amerikanischen Panzer aufzubauen. General Westphal fragt Canaris, ob er etwas über Landeabsichten der Amerikaner hinter dieser Frontlinie in Erfahrung bringen könne. Canaris behauptet, daß dort in nächster Zeit keinesfalls eine Landung zu befürchten sei. In diesem Augenblick sind die Divisionen der 5. amerikanischen Armee bereits unterwegs, um in den frühen Morgenstunden des 22. Januar am Strand von Anzio, fünfundsiebzig Kilometer hinter der neuen Frontlinie, an Land zu gehen. Ebenso unbekümmert läßt Canaris alle Meldungen seiner in England tätigen Spione an Hitler weiterleiten, in denen das Tarnmanöver, das Eisenhower unter dem Decknamen ‚Fortitude' vorbereitete, als der zu erwartende Hauptangriff gegen Frankreich dargestellt wird. Diese Invasionsarmee vor Calais besteht nur aus ein paar Kommandostellen mit Funkausrüstung, die wie rasend verschlüsselte Funksprüche in den Äther schicken.

Drüben in Amerika werden noch in großer Eile neue Truppen für die Invasion ausgebildet. Auch Spezialeinheiten für Kommandounternehmen. Im amerikanischen Ausbildungslager Ritchie sieht man amerikanische Soldaten in deutschen Wehrmachtsuniformen und sogar in SS-Uniformen Sonderaufgaben ausführen. Die meisten dieser Männer sind deutsche Juden. Soeben ist ein Neuer angekommen. Er ist Abwehroffizier und diente bisher im geheimen Ausbildungslager Sharpe, wo er als Major die Invasion unter naturgetreuen Bedingungen durchspielen ließ. Auf Flugblättern hatte er sogar den geheimgehaltenen Ort der Invasion ausdrucken lassen. Daraufhin bestellte man ihn nach Washington. Woher ihm der Plan bekannt sei, daß die Invasion in der Normandie unweit des Städtchens Arromanches erfolgen soll? Der Major versucht sich herauszulügen, denn zu dieser Stunde weiß kaum ein amerikanischer General etwas von Arromanches! Der Ort sei von ihm zufällig wegen seiner günstigen Lage ausgesucht worden. Ihm drohte ein Militärgerichtsverfahren. Plötzlich und ohne Begründung ließ man ihn frei. Er ist Freimaurer und heißt Janos Bekessy. Schon sein Vater war Mitglied des B'nai B'rith.

General Banfill weiß, daß er sich auf diesen Major verlassen kann, der von nun an den Namen Hans Habe tragen soll. „Wir werden in Deutschland eine neue Presse ins Leben rufen müssen. Sobald wir deutschen Boden betreten, werden wir die Nazi-Zeitungen verbieten. Andere gibt es nicht. Es wird eine Weile dauern, ehe wir deutsche Verleger, Herausgeber und Journalisten finden, denen wir die deutsche Presse anvertrauen können. Weil aber ein nichtinformiertes Volk ein gefährliches Volk ist, werden Sie in jeder Stadt, die unsere Truppen besetzen, sofort eine Zeitung gründen. Ihr Hauptquartier wird in Bad Nauheim liegen. Dieser Kurort liegt zentral nahe Frankfurt. Unsere Luftwaffe hat Weisung erhalten, Bad Nauheim zu schonen." — „Und mit wem soll ich diese Zeitungen machen?" fragt Habe den General. Banfill gibt Habes Kommandounternehmen die Vorzugsnummer eins. Er brauche nur einem Verbindungsoffizier im Pentagon seine Wunschliste zu übergeben, dann werde er alles bekommen, was ihm notwendig erscheine. Habe schreibt auf seinen Wunschzettel: „Soldaten, die Deutsch in Wort und Schrift fehlerfrei beherrschen, vornehmliche frühere Redakteure, Journalisten und Schriftsteller, Druckereileiter, Metteure, Maschinensetzer und Intellektuelle, die mit der besonderen Beschaffenheit und Kultur verschiedener deutscher Städte vertraut sind, Juristen, Schauspieler, Rundfunkreporter — möglichst junge Leute, die keine Strapazen scheuen und denen man geheimes Material anvertrauen kann." Die elektronischen Datenspeicheranlagen speien Namen und Aufenthaltsorte von geeigneten Armeeangehörigen aus — und achtundvierzig Stunden später treffen diese Ahnungslosen bereits im Ausbildungslager ein.

Noch ein anderer Mann wird zu dieser Zeit auf eine besondere Aufgabe für die Zeit nach der Invasion vorbereitet — der zwanzigjährige Soldat Henry Kissinger, der vor einem Jahr die amerikanische Staatsbürgerschaft erwarb. Bis vor wenigen Monaten ist er Student in Uniform am Lafayette College gewesen. Jetzt teilt man ihm mit, daß er Dolmetscher für die deutsche Sprache beim Kommandierenden General bei der 84. Division werde, sobald diese nach Europa verlegt werde. Ein jüdischer Emigrant aus dem Geheimbund hat ihm die Zusage auf dieses Amt verschafft. Er heißt Fritz Kraemer und hält bei der 84. Division Schulungskurse über Grundsätze der Militärregierung in Deutschland ab. Im Gegensatz zu Kissinger tritt er äußerst selbstbewußt auf und kann sich sogar als einfacher Soldat erlauben, Offiziere anzubrüllen. So sah ihn Kissinger eines Tages in einem Jeep ankommen, den ein Leutnant lenkte. Kraemer sprang aus dem Wagen und brüllte: „Wer hat hier den Befehl?" Worauf ein Oberstleutnant erwiderte: „Ich führe hier das Kommando, Soldat." Kraemer rief ihm zu: „Der General hat mich beauftragt, vor ihrem Bataillon darüber zu sprechen, warum wir diesen Krieg führen!" Bis zu jenem Tag fühlte sich Henry Kissinger außerordentlich unglücklich mit seinem Soldatenleben. Dann hörte er Kraemer über die moralische Notwendigkeit sprechen, den Krieg gegen das nationalsozialistische Deutschland zu führen. Er schrieb dem Redner, wie stark ihn sein Vortrag beeindruckte, und sie wurden Freunde. Seitdem verfügt er über einen einflußreichen Gönner im Ausbildungslager Clairborne, obwohl dieser nur den Rang eines einfachen Soldaten hat.

In dieser heroischen Zeit, in der sich sogar ein David Rockefeller zur Armee meldet, arbeitet William S. Schlamm als Sekretär des Hochgradmaurers Henry L. Luce, einem der einflußreichsten Pressekonzernherren Amerikas, dessen Zeitschriften und Rundfunkanstalten als Sprachrohr der internationalen Freimaurerei gelten. Hauptmann David Rockefeller sitzt in Algier als Geheimdienstoffizier der amerikanischen Armee. Nach außen hin gilt er als Verbindungsmann der amerikanischen Regierung zur französischen Exilregierung, kümmert sich allerdings weit mehr darum, was aus den Kunstschätzen der verschiedenen Rockefeller-Besitzungen in Frankreich geworden ist. Der deutsche Geheimdienstchef Canaris läßt gerade sämtliche Agentenberichte aus Eisenhowers Hauptquartier an den Wehrmachtführungsstab weiterleiten. Diese Berichte verblüffen durch Umfang und Genauigkeit ihrer Angaben. Canaris hat sie mit der Anmerkung versehen, daß sie zur Aufhellung der Angriffspläne des Feindes beitrügen. Die Berichte stammen von einem polnischen Stabsoffizier und geben vor, eine große Armee unter General Bradley stehe bereit für den Hauptangriff im Raum von Calais. Ein Ablenkungsmanöver an weiter entfernt liegender Küste Frankreichs werde ohne Bedeutung sein. Daraufhin ordnet Hitler an, daß die noch mannstarke 15. deutsche Armee im Raum von Calais stehen bleiben müsse, gleichgültig, wo der erste Landungsversuch unternommen werde.

Am 1. Juli, gegen halb sieben Uhr abends, gibt die britische Funkstation Daventry die Losung für Alarmbereitschaft an die fünf französischen Widerstandsgruppen aus. Sie besteht aus einer Verszeile eines Sonetts von Paul Verlaine. Ein deutscher Abwehroffizier in Frankreich, Oscar Reile, konnte einen der britischen Saboteure gefangennehmen und verhören, der die französischen Widerstandsgruppen aufbauen half. Er kann darum am Abend, da diese Parole wiederholt ausgesendet wird, dem Wehrmachtshauptquartier die Meldung machen, daß die Invasion in Frankreich kurz bevorstehe. Der Eingang seines Telegramms wird zwar bestätigt, aber nicht ins Verzeichnis eingegangener Berichte eingetragen. Ein zweiter und dritter Funkbericht Reiles werden eingetragen, jedoch nicht Generaloberst Jodl vorgelegt. Admiral Krancke erteilt sogar als

Oberbefehlshaber des Marinegruppenkommandos West für die Nacht auf den 5. Juni den Befehl, die regelmäßig vorgesehenen Patrouillenfahrten im Ärmelkanal zu streichen. Er läßt allen Offizieren Ortsurlaub geben. Ähnlich beruhigend sind die Warndienstmeldungen, die General Speidel an Generalfeldmarschall Rommel weiterleitet, so daß dieser sein Hauptquartier in Frankreich verläßt und seine Familie in Württemberg besucht. So können am 5. Juni vierundzwanzig Stunden lang mehr als fünftausend Schiffe von der britischen Küste mit Kurs auf Normandie fahren, ohne daß sie irgendeine deutsche Aufklärung auch nur ausmacht. Nachmittags funkt Oberstleutnant Reile an das Wehrmachtshauptquartier, daß soeben der zweite Teil der Botschaft abgehört worden sei, der das Zeichen für den Beginn der Invasion gebe. Auch diese Meldung erreicht Jodl nicht. Das Führerhauptquartier wird von den Ereignissen völlig überrascht. Wegen der von Canaris abgegebenen Berichte nimmt man sogar an, daß die eigentliche Invasion noch bevorstehe. Alle Eingreifverbände werden ausdrücklich zurückbehalten. Canaris hat für Eisenhower eine Schlacht geschlagen!

In den Vereinigten Staaten baut man bereits am Tempel des weltbeherrschenden Großkapitals. Die Finanzfachleute der alliierten Staaten reisen in den amerikanischen Gebirgsstaat Neuhampshire. Dort liegt der teuerste und exklusivste jüdische Sommerkurort, Bretton-Woods, wo es die protzigsten Landklubs gibt. Weil Amerika durch den Krieg und die Politik zum größten Gläubiger der Welt geworden, möchte Morgenthau vorbeugende Maßnahmen treffen, damit verhindert werden kann, daß die verschuldeten Alliierten nach dem Krieg in Washington als Bettler auftreten oder den Gläubiger durch Manipulation an ihrer Währung zu betrügen versuchen. Die Wallstreet-Bankiers wünschen feste Wechselkurse und den unantastbaren Grundsatz des Freihandels. Kein Schuldner dürfe seine Handelsgrenzen vor amerikanischen Waren verschließen, etwa unter dem Vorwand, daß man zunächst seine Schuldzinsen aufbringen müsse. Morgenthau bringt den Plan mit, einen Internationalen Währungsfonds und eine Weltbank zu gründen. Der Währungsfonds soll über neun Milliarden Dollar verfügen, davon drei Milliarden in Gold oder Dollar, den Rest in Währungen der Mitgliedsstaaten. Alle Mitglieder müssen in den Fonds Gold und Geld in der Landeswährung einzahlen. Damit sollen Handelsdefizite ausgeglichen werden. Die Weltbank soll außerdem Kredite für gewinnsichere Wiederaufbauleistungen gewähren. Das Stimmrecht über Währungsfonds und Weltbank falle den Mitgliedern im Verhältnis ihrer Einlagen zu. Die Vereinigten Staaten sind das einzige Land, das größere Einlagen vornehmen lassen kann, was ihr die meisten Stimmen sichert. Als Gegenleistung für die Hilfen aus dem

Fonds müssen die Mitgliedsstaaten dem Vorstand Einspruchsrechte in die Währungspolitik ihres Landes einräumen. Die armen Alliierten des reichen Siegers Amerika können zwar kaum auf die verlockenden Kreditangebote verzichten, empfinden es aber als Zumutung, den Amerikanern ein Einspruchsrecht in ihre Finanzhoheit einzuräumen. Die Beratungen schleppen sich hin. Stalin hat nur einen Beobachter nach Bretton-Woods entsandt, um erst gar nicht in Gefahr zu kommen, hereingelegt zu werden.

Churchill besucht schon Montgomerys Hauptquartier in Arromanches. Mit einem erbeuteten Fieseler Storch läßt er sich nach Caen zur britischen Division fliegen. Es herrscht eine merkwürdige Stille an der Front, als sei eine Kampfpause eingetreten. Noch konnte erst ein Zipfel der Normandie erobert werden. Prinz Bernhard ist als Kommandeur der Prinzessin Irene Brigade unter Montgomerys Befehl nach Frankreich gekommen. Dabei ging es ihm mehr um die Pressebilder vom ,Abflug an die Front'. Denn kaum in Frankreich angekommen, fliegt er nach Italien weiter. Er soll Papst Pius den Zwölften über die amerikanische Deutschlandpolitik unterrichten. Man möchte vom Vatikan keine Einsprüche erleben, wenn plötzlich Meldungen über Entdeckungen in Deutschland durch die Presse gehen, in denen auf die Ermordung von zwanzig oder dreißig Millionen Juden geschlossen wird. Pius sieht sich gar nicht in der Lage, den neuen Herren der Welt etwas auszureden, versucht jedoch, den Prinzen Bernhard so schnell wie möglich loszuwerden, indem er ihm schmeichelnd sagt, welche Genugtuung er darüber empfinde, weil sich der Prinz der Niederlande nicht wie Tausende andere an dem großen Befreiungskampf in Europa vorbeizudrücken suche. Bernhard bleibt trotzdem in Rom, denn er möchte erst nach Abschluß der bevorstehenden schweren Kämpfe in der Normandie zu seiner Truppe zurückkehren.

Mussolinis Sozialrepublik schrumpft merklich zusammen. Florenz und Pisa stellen bereits Grenzorte dar. Und die Grenze umgrenzt nichts mehr! Partisanenbanden verunsichern weite Gebiete Norditaliens. In Mailand bezeichnet der faschistische Standortkommandant die Lage der Stadt als katastrophal. In einer einzigen Nacht gelang es Tausenden von Partisanen, dort einzudringen. In der Provinz hat sich die Militärpolizei schon aufgelöst. Der italienische Generalstabschef Graziani verhandelt mit Generalfeldmarschall von Kesselring, um die in Deutschland stationierten italienischen Divisionen für die Partisanenbekämpfung in Italien freizustellen. Kesselring verspricht, zwei Divisionen zur Verfügung zu stellen. Zuerst müsse sie jedoch Mussolini besuchen gehen und sein ganzes Redetalent aufwenden, um sie wieder kriegstüchtig zu machen. Sonst würden sie, nach Italien verlegt, einfach nach Hause laufen.

Im Sonderzug reist Mussolini zu den in Deutschland stationierten Truppen. Er reist von Lager zu Lager, hält aufrüttelnde Reden, um dann von Sennelager aus nach Ostpreußen zu fahren, wo eine Zusammenkunft mit Hitler vereinbart ist. Am 20. Juli nähert sich der Zug bereits Rastenburg, als er plötzlich auf der Strecke angehalten wird. Sämtliche Türen werden verriegelt, die Fenster verdunkelt. Etwa eine Stunde muß man so warten, bis sich der Zug langsam auf die Bahnhaltestelle des Führerhauptquartiers zubewegt. Es ist nachmittags, drei Uhr, als sie dort eintreffen. Auf dem Bahnsteig stehen Hitler, Ribbentrop, Himmler, Bormann, Keitel und Dönitz. Trotz der Hitze trägt Hitler einen dicken schwarzen Mantel. Sein rechter Arm liegt in einer Schlinge. „Duce, bei mir ist eben eine Bombe losgegangen!" teilt ihm Hitler mit. Dann führt er seinen Besucher zu jener zerstörten Baracke, wo das Attentat auf ihn versucht worden war. Mussolini sieht bleich aus. Er hat sich vor Attentaten fürchten gelernt! Beim Anblick des Tatorts kann er nicht begreifen, wie dort irgendjemand mit dem Leben davonkommen konnte. Die Kaffeetafel im Führerhauptquartier verläuft unter bedrückendem Schweigen. Hitler starrt brütend vor sich hin. Hin und wieder schluckt er Tabletten, die ihm Prof. Morell bringt. Mussolinis Besuch kommt ungelegen, denn in diesem Augenblick gäbe es eine Menge zu tun. Noch weiß Hitler nicht einmal über das Ausmaß des Aufstandes Bescheid. Der Anschlag ist nicht bloß die Tat eines Einzelnen gewesen. Es scheint auch weder der sowjetische noch der britische Geheimdienst dahinter zu stecken.

Die Nachricht vom Attentat auf Hitler treibt Stalin in Wut. Er hatte den deutschen Kommunisten ausdrücklich Weisung gegeben, sich an keinen Putschabsichten der Generale zu beteiligen. Bald stellt sich jedoch heraus, daß sich auch keine Kommunisten daran beteiligten. Gerade fragt die polnische Exilregierung in Moskau an, ob sie ihre Untergrundarmee, die in Polen knapp eine halbe Millionen Mann umfasse, zum Aufstand aufrufen könne. Die Sommeroffensive der Roten Armee führte zum Zusammenbruch der Heeresgruppe Mitte. Die Truppen des Sowjetmarschalls Rokossowski stehen bereits vor Warschau. Stalin erläßt selbst den Aufruf an die Polen zum Aufstand. Dann erteilt er Rokossowski Befehl, seine Truppen in der Warschauer Vorstadt Praga stehen zu lassen und keinesfalls den polnischen Aufständlern Hilfe zu geben. Der polnische Aufstand wird sogar durch Kommunisten an die Deutschen verraten. Darum scheitert der Plan, sich im Handstreich der Flugplätze, Weichselbrücken, der deutschen Versorgungslager und aller öffentlichen Gebäude zu bemächtigen. Schon am 2. August muß die Hälfte der polnischen Bataillone in die Wälder fliehen. Alle deutschen Gefangenen waren von ihnen auf der Stelle erschossen worden. Jetzt kann der Warschauer Aufstand von deutschen Truppen niedergeschlagen werden, ohne daß sich die sowjetischen Truppen rühren.

Morgenthau reist nach Schottland. Er will Eisenhower für seinen Deutschlandplan gewinnen. Der General meint zwar, daß eine strenge Behandlung der Deutschen zu rechtfertigen sei, hält jedoch den Morgenthauplan für Wahnsinn. Er weigert sich, alle Ruhrbergwerke absaufen zu lassen. Das erscheine ihm verbrecherisch. Auch Morgenthaus Absicht, die Polizeigewalt über Deutschland den Russen zu überlassen, damit die amerikanischen Streitkräfte so schnell wie möglich aus Europa abgezogen werden könnten, lehne er ab. Allerdings beruhigt er den Minister durch die Versicherung, daß er die Deutschen hart ran nehmen wolle. Er werde sie im eigenen Saft schmoren lassen. In London verwendet Morgenthau die meiste Zeit damit, herauszufinden, wie die Männer des Europäischen Beratenden Ausschusses mit dem besiegten Deutschland verfahren wollen. „Es hat mich Tage und Tage gekostet!" schimpft er. „Was Deutschland anbelangt, wird zur Zeit nämlich gar nichts getan. Und das werde ich auch Hull sagen. Seine Leute sind nämlich die schlimmsten. Das kommt mir vor wie eine Hilfsmaßnahme des Arbeitsbeschaffungsausschusses! Man will ein zentralistisches Deutschland behalten, man will ein starkes Deutschland behalten — und der Erfolg ist, daß die Russen mit solchen Männern nichts zu schaffen haben möchten."

In Washington kann Morgenthau endlich in einer Kopie die von der amerikanischen Armee vorbereitete Leitschrift über eine Kontrolle Deutschlands nach Kriegsschluß bekommen. Was er befürchtete, findet er bestätigt — diese Leitlinien erweisen sich in einer unverantwortlichen Weise. als human. Morgenthau kocht vor Wut. Am anderen Tag findet nach dem Mittagessen eine Kabinettssitzung statt. Marineminister James Forrestal berichtet darüber: „Der Finanzminister kam zusammen mit dem Präsidenten herein, mit dem er gerade gemeinsam zu Mittag gegessen hatte. Der Präsident sagte, er habe mit dem Finanzminister über allgemeine Fragen der Kontrolle Deutschlands nach dem Ende des Krieges gesprochen. Er habe dabei von einem durch die Armee vorbereiteten Schriftstück gehört und sei ganz und gar nicht mit der Strenge der vorgeschlagenen Maßnahmen zufrieden. Er sagte, die Deutschen sollten bloß ein Existenzminimum an Nahrung bekommen. Suppenküchen würden reichlich genügen. Im übrigen sollte ihnen alles abgenommen werden und sie sollten keinen Lebensstandard erreichen, der über dem niedrigsten der von ihnen eroberten Völker liegen werde." Entrüstet lehnt Kriegsminister Stimson diese Vorschläge ab. Aber Roosevelt beharrt auf seinem Standpunkt. „Ich werde einen aus Außenministerium, Kriegsministerium und Finanzministerium zusammengesetzten Ausschuß ernennen, der das

Problem der Behandlung Deutschlands nach den von mir angegebenen Richtlinien prüfen soll."

Das Wochenende verbringt Morgenthau auf seinem Landsitz, von wo aus er am Montag morgen seinen Berater Harry Dextor White anruft. Er berichtet ihm von seinem Erfolg, den Präsidenten derart gegen das Handbuch der Armee über die Nachkriegskontrollen in Deutschland aufzubringen, daß er es sofort zurückziehen ließ und die daran Beteiligten maßregeln wolle. „Also, jetzt haben wir auch einen Ausschuß! Und als ich mit Stimson auf dem Hinflug im Flugzeug saß — also Stimson, ehrlich gesagt, hat sich noch nicht viel Gedanken darüber gemacht, doch die er sich machte, sind bisher immer gut gewesen. Und einer der Gedanken, die ihm während des Fluges kamen, war, daß wir alle Angehörigen der Waffen-SS nehmen und in dieselben Konzentrationslager stecken sollten, in denen die Deutschen diese armen Juden festgehalten haben, um sie dort der ganzen Welt zur Schau zu stellen. Und — aber viel weiter hat er nicht gedacht! Ich dachte nach dieser Unterhaltung, daß Sie McCloy anrufen sollten, den Stimson, sooft er unterwegs ist, mit der Erledigung seiner Angelegenheiten beauftragt hat — hallo? Ach, Sie sind noch dran. Und ich beauftrage Sie, diese Sache weiter zu verfolgen. Setzen Sie sich mit McCloy zusammen, und mein Vorschlag ist, daß Sie gemeinsam Hull aufsuchen gehen, damit alles, was auf den neuesten Stand gebracht wurde, bis Sonntag geprüft werden kann. Und dann machen Sie neue Vorschläge!" Morgenthau erinnert White daran, daß man nur noch etwa eine Woche Zeit habe, dem Präsidenten neue Vorschläge vorzulegen, bevor dieser nach Quebec zur Konferenz mit Churchill abreise. „Der Präsident stürzt sich geradezu auf dieses Zeug! Jedesmal, wenn ich ihm etwas berichte oder gebe, benutzt er es sofort. Doch halt, noch etwas! Ich meine, es schon gesagt zu haben, aber ich weiß nicht, ob Sie dabei waren — unter den hochqualifizierten Emigranten müssen welche sein, die wir hinzuziehen und um ein paar Anregungen bitten könnten. Es gibt ja genug von ihnen! Und diese Angelegenheit ist so sehr eine psychologische Sache. Es geht um die Frage, wie man die Deutschen behandeln soll, denen dieser Fanatismus eingeimpft worden ist. Und man braucht dazu wirklich einen Psychologen! Ich weiß nicht, ob wir einen sehr bekannten Psychologen finden, der da mitmachen würde. Wenn welche darunter sind, wünsche ich, daß Sie sie telegraphisch heranholen." White versichert, daß er das besorgen wolle, und Morgenthau ergänzt: „Mehr zur Behandlung des Geistes als des Leibes, Harry! Ich denke da an irgendeine schwerwiegende Belastung, irgendein nie dagewesenes Verbrechen, das wir bei Kriegsschluß entdecken. Und wir haben jetzt einfach nicht die Leute dafür, die in Deutschland gewesen sind, die rausgekommen sind und gelitten haben, schikaniert, vielleicht gefoltert wurden und die Deutschen kennen." White versteht: „Ja, und wir würden keine Ausgaben scheuen!" — „Durchaus nicht, Harry! Aber, wie gesagt, es geht darum, die Deutschen geistig zu packen, und auch darum, wie die nächste Generation zu erziehen ist. Harry, hören Sie, ich möchte nur folgendes dazu sagen — wenn man es recht besieht, könnte es sich darum handeln, diese ganze SS-Gesellschaft, weil man sie ja nicht für alle Zeit in Konzentrationslagern halten kann, zu nehmen und sie irgendwohin zu deportieren, aus Deutschland heraus, in irgendeine andere Ecke der Welt. Sie einfach leibhaftig wegschaffen. Und es macht mir gar nichts aus, diesen Vorschlag genauso unbarmherzig zu formulieren wie seine Ausführung nötig ist. Mögen die anderen das dann abschwächen. Ich wiederhole — alles andere ist völlig nebensächlich!" White beteuert, daß sich im Ministerium jeder ganz dafür einsetzen werde, wegen der Kürze der noch verfügbaren Zeit.

Die amerikanischen Journalisten witzeln bereits darüber, daß die Außenpolitik im Finanzministerium gemacht werde. Morgenthau zieht immer mehr jüdische Emigranten für seinen Deutschlandplan heran. Obwohl er solche Leute bevorzugt, die Deutschland wie die Verkörperung des Bösen hassen, stößt er auch bei ihnen oft auf Widerspruch. Der Emigrant Dr. Bittermann meint, daß es einfacher sein werde, Deutschland durch Zersplitterung anstatt durch psychologische Maßnahmen zu erledigen. Er schlägt vor, die französische Grenze bis Koblenz vorzuverlegen, damit das Saargebiet ganz von selbst an Frankreich falle. Das Ruhrgebiet solle man zwischen Belgien und den Niederlanden aufteilen, was allerdings auch Gefahren mit sich bringe, weil das deutsche Element dann in diesen Staaten zu stark werde. Ein anderer Emigrant namens Nathan kann lediglich einen neuen Teilungsplan vorlegen. Er rät, die Teilung so vorzunehmen, daß die verschiedenen neuen Staaten nach Abzug der Besatzungstruppen nicht das Verlangen bekämen, sich wieder zu vereinigen. Sie müßten bevölkerungsmäßig und konfessionell möglichst einheitlich wirken und dürften wirtschaftlich nicht voneinander abhängig sein, sondern jeweils nur vom Ausland.

Diese Vorschläge werden dem Finanzminister zugeschickt, der dann von seinem Landsitz aus telefonisch dazu Stellung nimmt. „Nun warten Sie einmal einen Augenblick, Harry! Ich versuche, sofern Sie mich lassen, Ihnen etwas klar zu machen! Ich möchte, daß Ihre Leute das Problem von einer bestimmten Seite sehen — wir nehmen das Ruhrgebiet und legen es wirtschaftlich still. Haben Sie das verstanden? Das ist das eine! Und auch das Saargebiet! Sie können leicht feststellen lassen, was dort an Kohle und Stahl und solchem Zeugs erzeugt wird. Denken Sie daran, was das für England und Belgien eine Hilfe bei deren Wiederaufbau wäre, weil das Ruhrgebiet letzten Endes — ich meine, es war zum Teil schuld an der großen Arbeitslosigkeit in England! Was halten Sie von meiner Idee, die Sache so anzugehen, daß beide stillgelegt werden — zuerst das Ruhrgebiet und danach eventuell das Saargebiet?" White verspricht, diesen Vorschlag prüfen zu lassen. „Gut, und dann ist da noch die Studie anzufertigen, was wir mit diesen — mit diesen Leuten anfangen sollen." — „Sie meinen die achtzehn Millionen Menschen, die Sie erledigen würden, wenn Sie das Ruhrgebiet erledigen?" Morgenthau sagt: „Nein, nein nicht die; die Leute, die nazistisch denken!" — „Ach so. Ich glaube, was wir hier haben, wird Sie in dieser Hinsicht zufriedenstellen." — „Aber diese beiden Dinge sind zu lösen!" beharrt Morgenthau. „Das eine ist wirtschaftlicher Natur und was wir mit den Leuten machen, denen der Nazismus eingeimpft wurde. Was wir mit ihnen machen bis sie aussterben. Und was wir mit den Kindern machen!" White versichert dem Minister, daß man sich darüber Gedanken machen werde; bisher habe man noch nicht über die Kinder nachgedacht.

In der Woche darauf befindet sich Morgenthau wieder in Washington und hält im Ministerium eine Konferenz ab. „Also, dieser Entwurf, das, was White mir zuschickt, ist noch soeben tragbar. Ich habe ihn mit Erläuterungen an den Präsidenten weitergegeben. Aber für meinen Geschmack — für meinen Geschmack ging er nicht weit genug! Und zwar ging er mir in zweierlei Hinsicht nicht weit genug — der endgültigen Stillegung des Ruhrgebiets und der Behandlung der Nazis und deren Kinder. Mit meinem Vorschlag, das Ruhrgebiet stillzulegen, ist der Präsident völlig einverstanden. Aber was machen wir mit den Kindern unter sechs Jahren?" White bedauert. Es stünde noch keine Lösung in Aussicht, die für Kinder unter sechs Jahren anwendbar und einleuchtend erscheine: „Jeder Vorschlag, der gemacht wurde, ist aus diesem oder jenem Grund verworfen worden, so daß wir nicht weiterkommen. Es muß darüber gesprochen werden, weil wir keine Vorstellung haben, wie dieses Problem behandelt werden soll." Morgenthau nickt. „Diese Leute, diese Deutschen, die Sie hinzugezogen haben, kommen sie morgen her?" Als White dies bejaht, fährt er fort: „Also der Präsident äußerte drei Wünsche; er wird danach fragen, sobald er das Memorandum zu Gesicht bekommt: Die Deutschen sollen keine Flugzeuge haben dürfen; niemand darf Uniform tragen; und kein Marschieren mehr!" White antwortet, daß er das noch hineinbringen lassen wolle, gibt jedoch zu bedenken: „Das mit der Uniform wird allerdings schwierig sein, weil wahrscheinlich fünf Millionen Menschen nichts anderes anzuziehen haben werden. Wir nahmen es heraus, weil uns die Durchführbarkeit fraglich erschien.

Die Deutschen, die herkamen, betonten ganz besonders, daß nichts angeordnet oder angefangen werden dürfe, was man gar nicht durchführen könne." Morgenthau spricht abfällig von den Gutachten jener drei deutschen Emigranten, die sich als Berater zur Verfügung stellten. Einer der Konferenzteilnehmer möchte auf den industriellen Teil des Memorandums zu sprechen kommen, wird aber vom Minister zurechtgewiesen, der darin einen Ablenkungsversuch wittert: „Ich denke, Harry möchte diese Sache hier erst erledigen!"

Harry Dextor White nickt und nimmt das Thema wieder auf: „Zum Beispiel die Bestrafung von Kriegsverbrechern! Das muß überarbeitet und gekürzt werden. General Hilldring machte mir gestern einen Vorschlag. Er sagte, wenn man eine Liste von Personen aufstellen könnte, die den Truppenführern übergeben werden kann, damit diese die Personen festnehmen, identifizieren und sofort erschießen lassen können, dann würde das keine Ermessensfrage für die Armee sein. Aber in London sei noch so gut wie gar nichts vorbereitet worden." Morgenthau widerspricht. „Churchill selbst hat mir gesagt, daß eine solche Liste vorhanden sei und der Befehl laute, daß jeder Soldat, der einer darin aufgeführten Person begegne, den Befehl habe, sie sofort zu erschießen." White wendet ein, der Unterschied zu Hilldrings Vorschlag liege darin, daß vorher die Identifizierung durch einen verantwortlichen Offizier stattfinden müsse. Wütend wiederholt Morgenthau: „Er sagte, jeder Soldat, der einer solchen Person begegne, habe Befehl, sie auf der Stelle zu erschießen!" — „Und danach identifizieren zu lassen", feixt Daniel Bell, worauf Gaston hinzufügt: „Aber daß keiner mehr als dreimal erschossen wird, Daniel!" Ein anderer gibt zu bedenken, daß eine solche Personenliste wohl zahlenmäßig begrenzt werden müsse. Die übrigen sollte man vor Gericht stellen. Morgenthau wendet ein, Stalin habe eine Liste von mindestens fünfzigtausend zu erschießenden Deutschen gefordert.

Man kommt auf das Ruhrgebiet zu sprechen. White sagt, daß es ihm auch zu schaffen mache. „Sie sind der Ansicht, Herr Minister, daß es stillgelegt oder zerstört werden sollte. Die Frage dabei ist, was dann mit der Bevölkerung geschehen soll." Morgenthau schlägt die Hände über den Kopf zusammen. „Nun bitte ich dich aber, Harry! Der Präsident ist damit völlig einverstanden. Ganz besonders gefällt ihm daran, daß es den Engländern helfen wird, wieder auf die Beine zu kommen." White schaut den Minister ratlos an: „Also, ich meine, irgendeiner wird sich damit auseinandersetzen müssen, was danach mit den fünfzehn Millionen Menschen geschehen soll!" Morgenthau berichtet, daß der Präsident den größten Teil der Leute an den Feldküchen des Heeres abspeisen lassen wolle. White fragt verärgert zurück: „Wie lange soll das denn so gehen?

Das ist doch eine Frage, die spätestens nach fünf Jahren dringlich auftreten muß!" Der Minister grinst: „Er wird sich darüber nicht viel Gedanken machen!" Die Ministerialbeamten schütteln den Kopf. Pehle meint: „Der Präsident wird ein solches Programm nicht durchsetzen können!" Gaston fügt hinzu: „Man kann das Ruhrgebiet nicht einzäunen, um die Menschen von dort wegzuhalten. Wenn wir die Sache vorplanen sollen, wird man Industriewerke auswählen müssen, die stillgelegt werden sollen!" White stöhnt auf und brummelt: „Die einzige durchführbare Lösung wäre, das Ruhrgebiet zu einem Industrierevier unter internationaler Kontrolle zu machen." Morgenthau winkt sofort ab. „Harry, damit kommen Sie bei mir nicht durch! Das einzige, wobei ich mitmachen werde, ist die völlige Stillegung des Ruhrgebiets!" Für einen Augenblick herrscht Stille. Dann erkundigt sich Gaston: „Sie meinen die Austreibung der Bevölkerung?" Morgenthau geht gar nicht darauf ein und schreit: „Einfach demontieren! Es ist mir ganz egal was aus den Leuten wird." Gaston blickt ihn verstört an. „Einfach alle Betriebe?" Morgenthau atmet erlöst auf; endlich scheint man ihn zu begreifen! „So ist es! Ich bin dafür, erst einmal zu zerstören. Um die Bevölkerung können wir uns danach immer noch kümmern."

McConnel möchte das Endlösungskonzept des Ministers in eine weniger barbarische Form bringen: „Wenn Sie einen Mittelweg in Erwägung ziehen wollen, Herr Minister, so senken Sie einfach die zwölf Millionen Tonnen Stahl, die im Ruhrgebiet erzeugt werden, auf sieben, beseitigen alle Werke der Rüstungsindustrie —", und er zwinkert dem Minister verwegen zu, „—will sagen, die, die für den Lebensstandard ausschlaggebend sind und — so haben Sie auf diese Weise bereits den Lebensstandard auf die Hälfte oder doch fast auf die Hälfte gesenkt. Würden Sie gar nichts übrig lassen, so müßte der Lebensstandard in diesem Gebiet fast auf null sinken. Das würde heißen — verhungern oder Notverpflegung aus Feldküchen." Empört braust Morgenthau auf: „Also, das kümmert mich gar nicht! Weil sich bisher noch niemand darüber Gedanken gemacht hat. Ich meine, wir müssen ganz anders an die Sache herangehen, sonst werden dort doch nur wieder Fabriken gebaut! Ich sehe keinen anderen Weg als den, dieses Gebiet völlig stillzulegen." — „Und diese Stillegung aufrecht zu erhalten?" fragt McConnel trocken zurück. „Dann werden wir es unter Polizeiaufsicht stellen müssen!" Erschrocken begreift Morgenthau, daß das nichts nutzen würde: „Diese Deutschen würden fünf oder zehn Jahre brauchen, sich mit der Polizeiaufsicht anzufreunden! Nein, dieses Gebiet muß völlig stillgelegt werden. Die Maschinen müssen abgebaut und weggeschafft, die Kohlengruben unter Wasser gesetzt und das, was oben rausguckt, gesprengt werden. Sobald

Sie anfangen, mit mir zu verhandeln, und ich anfange, nachzugeben, dieses oder jenes zuzulassen, oder die Bevölkerung weiterhin ihre Fertigkeiten nutzen lasse, schon passiert das, was in den Bergen von Pennsylvanien geschieht — sie werden unerlaubt Kohle abbauen. Man kann das nicht einmal unterbinden! Jemand könnte eine Kohlengrube in seinem Keller aufmachen. Diese Leute sind gerissen!" McConnel sieht ein, daß mit dem Minister nicht zu reden ist. Eine Kohlengrube im Keller! Wo man im Ruhrgebiet schon etliche hundert Meter in die Tiefe gehen muß, um überhaupt noch auf Kohle zu stoßen, und die abbauwürdigeren Vorkommen über tausend Meter unter der Erde liegen. Aber niemand ist gefährlicher als der Gimpel im Ministerrang! Er möchte diesen Mann nicht noch mehr reizen und sagt: „Völlige Stillegung oder nicht, das Ergebnis wäre das gleiche. Mich beunruhigt es, im Ruhrgebiet einen großen, leeren Raum zu schaffen in der Absicht, ihn so zu belassen. Ich fürchte, in zehn bis fünfzehn Jahren werden die mit verbesserten Maschinen wieder da sein!" White sieht, wie sich des Ministers Gesicht verfinstert. Er erinnert McConnel an die vorgesehene Internationale Kontrolle für dieses Gebiet: „Meines Erachtens könnte sie durchaus auf Dauer eingerichtet werden, sofern wir davon ausgehen, daß man neunzig oder wenigstens fünfundsiebzig Prozent der Bevölkerung auf zufriedenstellende Weise los wird und nur noch die bäuerliche Bevölkerung dort zurückläßt. Mit Leichtigkeit, sage ich, weil dort dann gar nichts mehr passieren kann, denn die verbliebenen Leute werden mit ihren kleinen Alltagssorgen vollauf beschäftigt sein. Es handelt sich dann um eine Polizeiaufsicht auf Grund des Völkerrechts, die man unbeschränkt fortsetzen kann. Wenn man eine Menschenvertreibung dieses Ausmaßes zu lösen vermag oder bereit ist, die Konsequenzen daraus zu ziehen, dann wäre das eben der Preis! Wenn man zu einer solchen Endlösung der Ruhrfrage bereit ist, hat meines Erachtens der Minister völlig recht. Man hat dann das Problem gelöst, wenngleich um einen ungeheuren Preis. Das wäre alles!"

Morgenthau wirft ihm einen grimmigen Blick zu. „Ich würde auch keinen Fingerbreit davon abgehen! Ich konnte feststellen, daß der Präsident zum äußersten entschlossen ist. Gewiß, ein ungeheures Problem, aber sollen doch die Deutschen zusehen, wie sie damit fertig werden! Was zum Teufel haben wir uns darüber den Kopf zu zerbrechen, was aus diesen Leuten wird! Wenn man eine Million Menschen vertreiben kann, wird man auch zwanzig Millionen vertreiben können. Man kann es! Man weiß nur noch nicht wie. Es erscheint schwierig. Es mutet unmenschlich an! Es mag einigen grausam vorkommen! Aber ich habe mit dem Präsidenten bereits darüber gesprochen, wir müssen die Deutschen psychologisch packen, die, die jetzt leben, und jene der nächsten Generation. Sie haben sich an den Juden vergriffen, und wir werden ihnen eine Rechnung aufmachen, daß sie noch in hundert Jahren daran denken. Mit dem Präsidenten konnte ich ganz ruhig und ungestört darüber sprechen. Auch mit seiner Frau, die früher einmal eine große Pazifistin war. Es macht ihr gar nichts aus! Sie sagt: ‚Bringt das Ruhrgebiet unter Gewalt und legt es still!‘ Ich habe übers Wochenende viel darüber nachgedacht. Mögen sich von nun ab die Deutschen darüber ihre Gedanken machen!" White faßt zusammen: „Einfach stillegen! Wenn sie sich ihren Lebensunterhalt nicht mehr verdienen können, ziehen sie ganz von selbst ab! Ist man erst bereit, die Konsequenzen daraus zu ziehen, wird eine gewaltige Arbeitslosigkeit im Ruhrgebiet entstehen. Die Leute müssen vor den Läden Schlange stehen. Es gibt ja nur zwei Möglichkeiten — entweder, man kann eine Hungersnot verhindern, indem man ihnen ein Minimum zu essen gibt, daß sie vor den Läden anstehen müssen, so lange, bis sie es nicht mehr aushalten und von selbst wegziehen in Gebiete, wo die Schlangen vor den Läden kürzer sind. Oder — aber man braucht sie gar nicht auszutreiben! Man stellt ihnen vielleicht nur irgendwelche Transportmittel hin. Das ist alles, was man zu tun braucht! Ich sage Ihnen, das ist schon alles! Das wäre zwar eine brutale Lösung, aber, vom Standpunkt der Durchführbarkeit aus gesehen, technisch durchaus zu bewältigen. Und wenn es beschlossen wird, ist es auch politisch nicht unmöglich!"

Zufrieden wischt sich Morgenthau die Gläser seines Zwickers. Es ist gute Arbeit geleistet worden, man hat sich das Essen wohl verdient. „Aber", erinnert er sich plötzlich, „ich muß noch jemanden finden, der — mich wundert, wie wenig bisher über diese Frage ernsthaft nachgedacht worden ist! Da stehen wir bereits mit einem Fuß in Deutschland und wir fangen gerade erst damit an, über die Endlösung der Deutschen zu sprechen! Ich meine, man hat einfach noch nicht darüber nachgedacht! Und bei allen Mitgliedern der Vereinten Nationen müßte eine ungeheure Propaganda und Aufklärungsarbeit darüber geleistet werden. Ich werde jedenfalls meinen Standpunkt nicht aufgeben, solange der Präsident hinter mir steht. Und das tut er! Wenn wir nun eine Richtlinie bekommen, nach der alle amerikanischen Pioniere in allen Stahlwerken, allen Kohlengruben und chemischen Werken, auch in den Anlagen zur Gewinnung von synthetischem Benzin, hingingen, Dynamit legten, bums!, dann die Wasserschleusen öffneten, damit alles unter Wasser gesetzt wird, so könnten sich danach die Humanitätsfreunde zusammensetzen und darüber beraten, was denn nun mit der Bevölkerung geschehen soll. Darum, meine Herren, schließen Sie sich diesem Gedanken an und sorgen Sie dafür, damit das ganze Ruhrgebiet bald so aussieht, wie manche der verlassenen Silbergruben drüben in Nevada! Jetzt machen wir Schluß! Wir können um drei wieder anfangen."

Der Finanzminister ißt mit Harry Hopkins zu Mittag. Er ahnt, daß er diesen kränkelnden Mann nicht mehr fürchten braucht, denn dessen Einfluß auf den Präsidenten scheint wie verbraucht. Doch Morgenthau möchte sicher gehen. Zu lange Jahre ist Hopkins der engste Berater des Präsidenten gewesen. Er beginnt, ihn auszuhorchen. „Was wäre Ihrer Meinung nach die beste Lösung des Deutschlandproblems, Harry?" Hopkins zögert, sagt dann, daß nach seiner Meinung die Lösung des Problems zum überwiegenden Teil darin bestehe, unter Eisenhower einen starken Mann in Deutschland einzusetzen und ihm die Führung der deutschen Wirtschaft zu übertragen, ihn schließlich sogar an die Spitze des Staates zu stellen, um ihm die Führung des Landes zu überlassen." Morgenthau findet diese Ansicht bezeichnend für die Beschränktheit aller Berater des Präsidenten, die ihm nicht wie er die knallharte, einzig richtige Lösung anzutragen wagen. Listig bemerkt er zu seinem Tischgenossen: „Wie ich von Leuten aus dem Kriegsministerium höre, würden Sie das Amt gerne selbst übernehmen?" Hopkins wehrt ab. Er kennt das falsche Wesen des Finanzministers, sagt: „Also, was ich übernehmen wollte, war eine nicht ortsgebundene Mission als Botschafter." Morgenthau entgeht die Zurückhaltung nicht, die ihm Hopkins entgegenbringt, und in seiner überheblichen Art fragt er ihn: „Also, was ist, Harry, welches Interesse haben Sie noch daran und möchten Sie dort hingehen?" Hopkins empfindet es bitter, daß ihm nun schon der Finanzminister einen Posten in Aussicht zu stellen versucht, wo er früher nur eine Andeutung zu machen brauchte, um vom Präsidenten selbst mit jedem denkbaren Amt betraut zu werden. Kleinlaut erwidert er: „Stimson fragte mich schon dasselbe." — „Und? Was ist Ihre Antwort, Harry? So reden Sie doch! Ich werde für Sie tun was ich kann!"

Hopkins schaut dem Finanzminister ins Gesicht. Dessen kahler Vorderschädel, die hinterlistigen, dunklen Augen hinter den Gläsern des Zwickers, der klobige Nasenzinken, die schmalen Lippen und das vorstehende Kinn. Er weiß um den schrecklichen Einfluß dieses Mannes und antwortet: „Ich will offen zu Ihnen sein und Ihnen sagen, was ich mir denke. Ich hatte mehrere Aussprachen mit dem Präsidenten darüber und bin zu der Überzeugung gelangt, daß es für mich in Washington nach dem Ende des Krieges nichts mehr zu tun gibt. Ich habe alle Zeit dem Krieg gewidmet. Das würde nur einen Tiefstand in meiner Laufbahn bedeuten, wenn ich noch nach dem Krieg hierbleiben wollte." Er bemerkt Morgenthaus spöttischen Blick, der wohl denkt: ‚Du möchtest nur nicht wahrhaben, daß du hier ausgespielt hast!' Darum fügt Hopkins noch hinzu: „Ich habe oft mit dem Präsidenten darüber gesprochen. Er steht meiner Auslandsverwendung wohlwollend gegenüber, ist aber mit mir der Auffassung, daß ich nur etwas übernehmen sollte, das auszuführen nicht zuviel Zeit in Anspruch nimmt. Beispielsweise könnte man für die nächsten vier oder fünf Monate dringend jemand in Frankreich brauchen, um de Gaulle zu überwachen. Den Posten in Deutschland würde ich nur übernehmen, wenn mir zwölf oder fünfzehn Mann zur Verfügung stünden." Morgenthau fühlt sich nun ganz sicher, daß ihm Hopkins bei seinem Deutschlandplan nicht im Wege stehen wird.

Nachmittags setzt sich Morgenthau wieder mit seinen führenden Ministerialbeamten zusammen. Einer fragt, ob man damit rechnen müsse, daß die Kohlenknappheit nach dem Kriege lange andauern könne. White versucht, darauf eine Antwort zu geben, und Morgenthau hört sich das eine Weile an, um dann rasch und energisch einzugreifen: „Also, wenn ich einmal auf die Frage antworten darf, ob man den Deutschen gestatten soll, Kohle zu fördern, so sage ich dazu kurz, daß es nicht dem entspräche, was ich im Sinn habe." — „Kohle", meint Pehle wegwerfend, „ist so oder so da! Würde man hingehen, ihre Vorräte aufbrauchen, wirkte sich das sehr wohltätig aus." — „Hört mal", poltert Morgenthau aufgebracht los, „es wird euch nicht gelingen, mich von meiner Meinung abzubringen! Ihr könnt versuchen, mich zu überrennen, mich umzubringen, aber solange ich noch piep sagen kann, werde ich euch nicht nachgeben! Das Ruhrgebiet und die drei oder vier anderen wichtigen Industriereviere Deutschlands werden einfach unter Wasser gesetzt!" Gaston muckt auf. „Die Schwierigkeit liegt für mich nicht darin, Ihre Vorstellungen zu kapieren, sondern im Verfahren, wie man das durchführen soll!" Der Minister winkt verächtlich ab. „Man tut es einfach und basta! Die Stabschefs der Alliierten Armeen geben einfach den Befehl, diese Industriewerke zu zerstören."

Gaston kennt den Eigensinn des Ministers. Was soll man aber mit solchen Anweisungen anfangen? „Herr Minister," begehrt nun Pehle auf. „Ich glaube nicht, daß es sich darum handeln kann, im Ruhrgebiet alles zu zerstören. Sie müssen selbst sagen, daß das zu nichts gut wäre, denn man kann nicht in ganz Deutschland alles zerstören!" Morgenthau wechselt einfach das Thema: „Unsere Truppen sind bereits durch Brüssel, haben Sie das schon gehört?" Ungeduldig blickt er auf die Uhr, sagt, daß er um vier Uhr Schluß machen müsse. Da weist McConnel noch schnell darauf hin, daß die Zerstörung des Ruhrgebiets noch nicht unbedingt die gewünschte Endlösung für Deutschland bringen müsse. „Ich möchte auf das hinweisen, was in fünf Jahren nach der Zerstörung eintreten könnte. Da wäre zunächst die unmittelbare Stahlgewinnung mittels

Braunkohlengas. Eine solche Entwicklung steht unmittelbar bevor. Der Verlust des Ruhrgebiets müßte also noch keine Endlösung für die deutsche Stahlindustrie bringen. Die Stammwerke wären zwar verloren, es ist aber dann durchaus nicht sicher, ob sie nicht überall Stahl erzeugen könnten, wo Braunkohle vorkommt. Es gibt eine Menge Braunkohlenvorkommen in Deutschland, und dem Gedanken der unmittelbaren Stahlerzeugung unter Verwendung von Braunkohlengas wird zur Zeit größte Aufmerksamkeit gewidmet. Man scheint daran in Duisburg zu probieren. Auch wir haben einige ziemlich große Unternehmen, die sich mit der unmittelbaren Stahlerzeugung befassen."

Morgenthau schaut mißvergnügt drein. Wie einfach könnte die Welt sein, wenn einem die Fachidioten nicht dauernd dreinredeten! „So begreifen Sie doch," stöhnt er auf, „ich versuche für den Präsidenten ein Lagebild fertig zu bekommen. Dabei werde ich mich wiederholen müssen, aber ich beabsichtige, mich solange zu wiederholen, bis er mir sagt, daß ich damit aufhören soll." Nervös blickt er auf die Uhr. „Harry, ich muß gehen. Sie bringen mir alles, was Sie noch an Plänen bekommen können, und ein Memorandum, mit dem wir diesmal arbeiten können, wenn wir mit Hull zusammentreffen!" Damit eilt er aus dem Zimmer. Die zurückgebliebenen Ministerialbeamten machen sich an die Arbeit, Morgenthaus Plan für Deutschland neu zu fassen. Dieses Schriftstück, auf dessen Aktendeckel ‚streng geheim' steht, bringt Harry Dextor White am Abend dem Minister in die Wohnung. Als er vor dem Haus des Ministers vorfährt, sieht er, daß bereits andere Besucher vor ihm angekommen sind. Kaum im Haus, kommt ihm Morgenthau schon ungeduldig entgegen, nimmt ihm die Akte aus der Hand und knurrt bissig, daß er hoffe, es werde diesmal etwas mehr als eine verkappte Kollaboration mit den verdammten Deutschen sein. Dann kann White Kriegsminister Stimson und Hulls Unterstaatssekretär McCloy begrüßen. Noch vor dem Abendessen liest Morgenthau die wichtigsten Stellen aus dem Memorandum vor.

Stimson interessiert sich mehr für die Bestimmungen über die Bestrafung deutscher Kriegsverbrecher. Er möchte nicht dafür zuständig sein und erklärt, er halte es für unerwünscht, die Urteile durch die Armee vollstrecken zu lassen, womöglich ohne den Angeklagten Gelegenheit zu einer Aussage zu geben. Morgenthau erwidert, daß er Zustände bei der Vorstellung bekomme, daß sich die Deutschen auch noch in einem öffentlichen Prozeß verteidigen können sollen. Stimson meint, es müsse ihnen nicht unbedingt öffentlich der Prozeß gemacht werden, doch einen irgendwie gearteten Prozeß sollte man ihnen schon machen. Auch von der Zerteilung Deutschlands ist er nicht erbaut. Auf Morgenthaus Drängen sagt er jedoch zu, diese Frage noch einmal zu prüfen, zumal McCloy durchblicken läßt, auch er neige immer mehr dazu, Deutschland zu teilen und vor allem Berlin als Hauptstadt auszuschließen. Die Verwaltung für die Militärregierung sei an einen anderen Ort, etwa nach Frankfurt, zu verlegen. Den Krämpfen nahe scheint Morgenthau zu sein, als ihm Stimson bekennt, er bezweifle, ob es klug sei, das Ruhrgebiet zu zerstören. Dadurch würden dreißig Millionen Deutsche in den Hungertod getrieben. Morgenthau, um etliche Schattierungen blasser als sonst, stottert verstört, wie wie wie er auf dreißig Millionen komme? Stimson erklärt ihm, daß eine solche Zerstörung nicht nur die Bevölkerung des Ruhrgebiets treffen müsse, sondern große Teile der Bevölkerung in anderen deutschen Gebieten, die von der Verarbeitung der Erzeugnisse dieser Schwerindustrie leben. Er wolle jedoch Morgenthaus Plan zur Behandlung der Deutschen noch einmal in Ruhe durchlesen.

Erst am anderen Tag, nachdem Stimson den Morgenthauplan durch seine Rechtsberater überprüfen ließ, stellt sich heraus, daß die darin vorgeschlagene Behandlung deutscher Kriegsgefangener sowohl gegen die Haager Landkriegsordnung als auch gegen die Genfer Konvention verstoße. Beide internationalen Abmachungen seien aber nicht nur vom Deutschen Reich, sondern auch durch die Vereinigten Staaten unterzeichnet worden. Überhaupt scheint ihm der Plan Morgenthaus in allem wesentlichen von dem abzuweichen, den Außenminister Hull vorbereiten ließ. Er bittet darum Hull, auf der für diesen Tag angesetzten Kabinettsausschußsitzung auf die völkerrechtlichen Bedenken zu sprechen zu kommen. Die Sitzung ist für halb elf im Außenministerium angesetzt. In Hulls Vorzimmer stößt Morgenthau auf Harry Hopkins, der ihn fragt, was er von Robert Patterson als Hochkommissar für Deutschland halte. Morgenthau möchte sich bei Hopkins einschmeicheln und sagt, daß er das für eine gute Idee halte. Auf der Sitzung schlägt er als erstes Patterson als Hochkommissar für Deutschland vor, wogegen sich Stimson, dessen Staatssekretär dieser ist, leidenschaftlich wehrt. Er kennt Patterson! Hull bemerkt trocken, daß er mit allem einverstanden sein werde, worauf sich die beiden Kollegen einigen könnten. Dann überreicht er ihnen das von ihm vorbereitete Memorandum, in dem er die Gründe aufführt, warum die deutsche Industrie erhalten bleiben müsse. Die Zerstörungen durch die Luftangriffe hätten sich in Deutschland bereits derart verheerend ausgewirkt und nähmen noch zu, daß die Deutschen wohl fünfundsiebzig Jahre brauchten, um wieder normale Verhältnisse zu schaffen.

Mit knapper Not gelingt es Morgenthau, daß man sich als Ergebnis der Sitzung auf eine Empfehlung an den Präsidenten für die Behandlung Deutschlands in drei Punkten einigt. Diese lassen alles offen, wie das

Empfohlene erreicht werden könne, bieten dafür aber die Möglichkeit, verschieden ausgelegt zu werden. Das erscheint Morgenthau als das beste, was er im Augenblick erlangen kann, und er kehrt sofort in sein Ministerium zurück. Harry Dextor White und Daniel Bell warten schon auf ihn in seinem Zimmer, andere kommen noch hinzu. Wie üblich gibt er ihnen von der Besprechung im Kabinettsausschuß einen gefärbten Bericht, denn er hat von Geburt an eine Abneigung gegen die Wahrheit. „Hull hat also seit seinem ersten Gespräch mit Ihnen seine Meinung nicht geändert?" staunt Bell. „Nicht im mindesten! Hull möchte keinen Augenblick länger warten, er möchte sie alle bei Morgengrauen erschießen lassen. Er sagte, daß wir sogar etwas von unseren Handelsgeschäften einbüßen müßten, um die Deutschen leiden zu lassen. Das waren seine eigenen Worte! Und genau das wollte ich in meiner Rundfunkrede in London sagen, aber es stammt von Hull!" Dabei macht er ein Gesicht, als leide er unter dieser Vorstellung. „Und jetzt passen Sie gut auf, was ich sage! Ich glaube, daß Hopkins nicht will, daß ich mit dem Präsidenten spreche. Er hat mich angerufen und gesagt, daß er eine Ausschußsitzung mit dem Präsidenten auf morgen nachmittag festsetzen wolle, damit sich der Präsident selbst von Stimsons Einstellung ein Bild machen könne. Worauf ich sagte, daß diese Direktiven aus dem Kriegsministerium möglicherweise kein reiner Zufall gewesen seien. Alles, was wir im Augenblick tun können, besteht darin, den Gedanken der Ruhrgebietsvernichtung darzulegen, den ich dem Präsidenten bereits vorgetragen und dem er sehr zugetan ist. Ich weiß, daß ich keine Lösung dafür habe, was danach mit der Bevölkerung geschehen soll. Ich möchte aber bei der Aussprache am extremen Ende dieser Sache stehen. Ich werde meine Auffassung um kein Jota ändern, und ich will dazu nichts weiter mehr sagen. Ich möchte Ihnen nun soviel Vertrauen schenken, daß ich Ihnen alles übergebe, was ich in dieser Angelegenheit zusammengetragen habe. Das scheint mir das einfachste zu sein. Es ist alles hier in diesem Umschlag; ich wünsche, daß alles so auch wieder zurückkommt!"

Damit übergibt er Gaston den großen Umschlag, in dem seine wirtschaftlichen, oder wie er sich selbst ausdrückt, physischen Vernichtungspläne für Deutschland enthalten sind, und die psychologischen Vernichtungspläne, durch eine grob umrissene, aber noch nicht in allen Einzelheiten genau festgelegte Kollektivschuld des ganzen deutschen Volkes, durch die man alle eventuell auftauchenden Fragen abwehren könne, die die fünfzehn oder dreißig Millionen Deutschen betreffen, die durch die Vernichtung des Ruhrgebiets dem Hungertod ausgesetzt würden. „Doch lesen Sie sich das erst einmal in Ruhe durch! Und daß Sie mir den Kram bitte zusammenhalten! Ich denke, wir haben große Fortschritte gemacht.

Sind Sie nicht auch froh darüber?" Die Angestellten versuchen zu lächeln. „Nun, Jungens, setzt euch zusammen und wenn ihr fertig seid, komme ich!"

Im Kriegsministerium läßt Minister Stimson ein Geheimschreiben an den Präsidenten aufsetzen. „Die von einem Kabinettskollegen offen vertretene Ansicht, daß die als Saar und Ruhr bezeichneten großen Industriegebiete Deutschlands mit ihren bedeutenden Kohlevorkommen in ein Bauernland umgewandelt werden sollten, ist unhaltbar. Ich kann mir nicht vorstellen, daß ein solches Vorhaben möglich oder auch nur wirksam sein kann und sehe gewaltige, allgemeine Schäden voraus, die sich aus dem Versuch einer solchen Endlösung ergeben werden. In den letzten achtzig Jahren europäischer Geschichte waren diese Teile Deutschlands eine der wichtigsten Rohstoffquellen für den wirtschaftlichen Lebensunterhalt Europas. Auf diese Rohstoffe gründet sich weitgehend der europäische Handel. Auf Grund dieser Rohstoffe wurde Deutschland zum wichtigsten Rohstofflieferanten für nicht weniger als zehn europäische Länder. Durch diesen Handel wurde Deutschland zum größten Kunden Rußlands, Norwegens, Hollands, Belgiens, der Schweiz, Italiens, Österreichs und Ungarns, und zum zweitbesten Kunden Großbritanniens, Schwedens und Dänemarks. Eine Vernichtung dieser Produktion kann gar nicht, wie heute vormittag vorgeschlagen, durchgeführt werden, ohne eine starke Verschiebung des europäischen Handels hervorzurufen. Ich kann darum die Absichten nicht als realistisch ansehen, ein derartiges Industriegebiet, bei der heutigen Wirtschaftslage in der Welt, in eine unproduktive Geisterlandschaft umzuwandeln. Ich kann mich auch nicht damit einverstanden erklären, daß es unser Ziel sein soll, die deutsche Bevölkerung auf ein Existenzminimum zu setzen, wenn man damit ihre Verarmung meint. Das würde die Deutschen zu einem Zustand der Sklaverei verdammen, aus dem heraus kein Mensch, wie schwer und tüchtig er auch arbeiten würde, seine Lage verbessern könnte. Ein solcher Plan würde nur Spannungen und Gefühle des Hasses hervorrufen, wodurch die Schuld der Nazis, die Schlechtigkeit ihrer Lehre und Handlungsweise, jede Bedeutung für diese Menschen verlöre, weil sie in jedem Falle noch besser sein würden als das, was wir ihnen gebracht haben."

Dann findet die Besprechung beim Präsidenten statt. Stimson legt gleich los, doch zu Morgenthaus Erleichterung bezieht der Präsident dagegen Stellung. Roosevelt sagt, daß die Engländer den Vorteil des Stahlgeschäfts bekämen, wenn das Ruhrgebiet zugemacht würde. Dann erzählt er den Ministern aus Vorväterzeiten, als im Jahre 1810 noch handgesponnene Wollsachen getragen wurden und die Leute noch ihre Bedürfnisse in einem Bretterhäuschen außerhalb des Wohnhauses befriedigten und ohne Badezimmer ausgekommen seien. Diese reichlich kindische Geschichte macht nur auf Morgenthau einen tieferen Eindruck, daß es ihn drängt, sie seinen Mitarbeitern im Ministerium sofort wiederzugeben. Die Besprechung beim Präsidenten habe leider nur eine halbe Stunde gedauert, und Hull habe ständig versucht, die an ihn gerichteten Fragen zu übergehen und das Gespräch auf ein anderes Thema zu lenken. Als Morgenthau dann die Sache mit dem Außenklo und der Entbehrlichkeit von Badezimmern in der ganzen Breite wiedergibt, ahnt Herbert Gaston, auf was der Minister anspielen möchte. „Wir sollen also alle Wasser- und Gasleitungen im Ruhrgebiet zerstören; ist es das, was Sie meinen?" — „Jedenfalls besteht kein Grund, Deutschland nicht wieder in das Jahr 1810 zurückzuversetzen. Die Deutschen könnten dann vollkommen bequem leben, hätten nur keine Luxusgegenstände, würden schlichte, einfache Lieferanten für Plumpsklosetts sein."

Im Außenministerium wird sich Minister Hull klar darüber, wie ihn der Präsident in einer immer kränkenderen Weise bei allen außenpolitischen Entscheidungen übergeht. Er sieht verhärmt und übermüdet aus. Von untergeordneter Dienststelle mußte er soeben erfahren, daß Roosevelt den Vizepräsidenten Wallace mit einem diplomatischen Auftrag nach China schickte, um diesen schwachen, in sich zerstrittenen Staat auf die ihm vorgedachte Rolle als vierten Weltpolizisten vorzubereiten. Weder Wallace noch Roosevelt hatten es für nötig befunden, dem Außenminister auch nur ein Wort davon zu sagen. Stattdessen läßt ihm der krankhaft rachsüchtige Morgenthau mit seinen Vernichtungsplänen für das deutsche Volk keinen Tag mehr in Ruhe. Hull versucht, soviel wie möglich vor Morgenthau geheimzuhalten und alles zu tun, um dessen Plan als noch nicht ausdiskutiert hinzustellen, damit er nicht schon auf der Konferenz von Quebec zur Sprache komme. Gerade darauf legt Morgenthau jedoch größten Wert. Noch den ganzen Sonnabend hindurch hält er ministerielle Gruppenbesprechungen ab. Es geht darum, Programmvorlagen für die Quebec-Konferenz mit Churchill zu sichten.

Eine der Vorlagen steht unter dem Titel: ‚Reparationsforderungen würden Deutschland stärken‘, eine andere: ‚Wirtschaftliche Wiedergutmachung Deutschlands an die Vereinten Nationen‘, eine dritte: ‚Wie die britische Industrie aus dem vorgeschlagenen Programm Nutzen ziehen wird‘. Morgenthau horcht auf. „Das ist neu! Wer sind die Herren oder Damen, die daran gearbeitet haben?" White sagt, Harold Glaser habe die Vorlage erarbeitet und liest einen Kernsatz daraus vor: „Es ist ein Trugschluß, daß Europa ein industriestarkes Deutschland brauche." Eduard Bernstein liest dazu den Planentwurf E vor: „Die Verringerung des deutschen Industriepotentials würde die deutsche Konkurrenz für britische Exporte auf dem Weltmarkt beseitigen. England kommt dadurch in die Lage, viele der seit 1918 an Deutschland verlorenen Auslandsmärkte zurückzugewinnen." Morgenthau entscheidet: „Vermerken Sie für alle Fälle auf dem Einband: ‚Für die Konferenz in Quebec'!

White liest einen anderen Programmvorschlag vor: ‚Warum an der Ruhr die Förderstätten stillgelegt und alle Maschinenanlagen demontiert werden sollten'. Wie er Morgenthaus entzücktes Gesicht sieht, liest er mit erhobener Stimme weiter: „Wenn die Industrie des Ruhrgebiets beseitigt würde, könnten ohne Zweifel neue Eisen- und Stahlindustrien im übrigen Europa errichtet werden, damit der Eisen- und Stahlbedarf, der bisher aus dem Ruhrgebiet befriedigt wurde, nun anderswo erzeugt werden kann. Die Ausscheidung des Ruhrgebiets würde ein willkommener Beitrag sein, den Bergbau von Mitgliedsstaaten der Vereinten Nationen zu fördern. Großbritannien hat sehr große Kohlevorkommen. Die sicheren Kohlenvorräte werden bei heutiger Abbauleistung auf fünfhundert Jahre geschätzt." Morgenthau äugelt vor Wonne. „Das ist sehr, sehr gut, Harry!" White bekennt, daß ein wenig übertrieben worden sei, was Morgenthau für nicht der Rede wert hält. „Das geht schon in Ordnung! Aber wenn ich bedenke, wie das auf mich wirkt, wenn so etwas wie das hier vorgelesen wird, dann glaube ich, das wird man für England als den größten Segen erkennen müssen. Und Mr. Churchill wird gewiß alle seine Bedenken ablegen." Der Minister ermutigt seine Mitarbeiter, so weiterzumachen, denn er ahne nun, daß man damit dem Präsidenten bei seiner Konferenz mit dem britischen Premierminister sehr nützlich werden könne. „Ich beglückwünsche Sie alle!"

Am Sonntag landet Churchill in Halifax und trifft am Montag in Quebec ein, wo auch Präsident Roosevelt soeben mit seiner Frau eingetroffen ist. Churchill ist sehr überrascht, den Präsidenten weder durch seinen Außenminister Cordell Hull noch durch seinen persönlichen Berater Harry Hopkins begleitet zu sehen, stattdessen durch den Finanzminister. Ihm kommt das gerade recht, denn er möchte finanzielle Nachkriegsprobleme seines Landes zur Sprache bringen. Roosevelt ist ihm immer gönnerhaft entgegengekommen, umso mehr überrascht es ihn, daß er diesmal wie zugeknöpft ist, als er ihn bittet, seinem Land sechseinhalb Milliarden Dollar aus dem Pacht-Leih-Vertrag als Wiederaufbaukredit für die Zeit nach dem Krieg zu bewilligen. Churchill redet sich den Kopf ab, aber Roosevelt sagt immer nur: ‚Tut mir leid, Winston, tut mir leid!' — „Was soll ich denn tun?" ruft Churchill schließlich aus. „Soll ich mich aufstellen und betteln wie Fala?" Dabei bewegt er bittend die Hände wie Roosevelts Lieblingshund Fala vor der Wurst. In Morgenthaus Augen blitzt es, und am Abend meldet er sich bei Churchill zu einem Gespräch an. Er sagt ihm, daß er sich beim Präsidenten für sein Krediterșuchen einsetzen wolle, sobald er nur eine Möglichkeit dafür sehe. Auch ihn bedrücke ein schweres Zukunftsproblem, bei dem ihm der Premierminister vielleicht behilflich sein könne. Und er überreicht ihm seinen Deutschlandplan. Churchill liest ihn an, reicht ihn aber schon nach den ersten Sätzen zurück. „Nie, Herr Morgenthau!"

Churchill sucht noch einmal den Präsidenten auf, um mit ihm unter vier Augen über die Anleihe zu sprechen. Aber Roosevelt ist nicht bereit, das Thema auch nur anzusprechen. Am anderen Morgen kommt er von selbst darauf zurück, indem er beiläufig zu Churchill sagt, daß er die Pacht-Leih-Angelegenheit ja zusammen mit der Deutschland-Angelegenheit mit dem Finanzminister besprechen könne. Churchill begreift sofort und erwidert: „Warum sollten wir sie nicht jetzt besprechen?" — „Ja, warum eigentlich nicht?" lacht Roosevelt. „Der Minister ist hier, er kann sich ja mit Lord Cherwell darüber auseinandersetzen." Lord Cherwell heißt eigentlich Lindemann und leitet als Physikprofessor die britische Atomforschung. Was er mit Morgenthau gemein hat, ist sein Haß auf die Deutschen. Churchill nickt Lindemann zu, sagt, daß er den Deutschlandplan des Herrn Morgenthau bereits gesehen habe und ihm im großen und ganzen voll zustimme. Die beiden gehen in einen Nebenraum und werden sich schnell einig. Churchill findet danach kaum Gelegenheit, den Plan selbst noch einmal zu lesen. Und Roosevelt setzt sich mit solcher Begeisterung dafür ein, daß sich der britische Premierminister außerstande sieht, etwas dagegen einzuwenden, nachdem ihm Morgenthau den Sechseinhalb-Milliarden-Dollar-Kredit zugesagt und der Präsident dazu genickt hat, als seien es nur fünfzig Cents. Rasch zeichnet Churchill nach Roosevelt den Plan mit seinen Initialien ab. Damit ist er gutgeheißen.

Drei Tage später befindet sich Morgenthau wieder in Washington. Er hält die erste Ministerkonferenz ab. „Die Sache in Quebec war, alles in allem, unglaublich gut! Was mich persönlich betrifft, stellt sie den Höhepunkt in meiner ganzen Ministerlaufbahn dar. In diesen achtundvierzig Stunden habe ich höhere persönliche Befriedigung erfahren, als bei irgendeiner anderen Sache, mit der ich je zu tun hatte." Doch sein Triumph währt nicht lange. Am Montag morgen, dem 25. September 1944, kommt der Minister schon in mieser Laune ins Amt. Denn am Sonntag morgen hatte er versucht, den Präsidenten zu sprechen. Roosevelt ließ sich nicht sprechen. Er rief auch nicht zurück, wie Morgenthau gebeten hatte. So mußte sich dieser auf der Höhe seiner politischen Laufbahn mit Grace Tully, der Sekretärin des Präsidenten, zufrieden geben.

In schmeichelhaftesten Worten erzählte er ihr, wie erfreut alle über des Präsidenten Rede seien. Roosevelt hatte am Samstag mit einer Rundfunkansprache den Wahlkampf eröffnet und dabei alles gesagt, was Amerikaner hören wollen: Der Krieg müsse so schnell wie möglich zu Ende gebracht werden, und eine neue Weltorganisation wolle er gründen, damit es nie wieder Krieg geben brauche. Erst nachdem Morgenthau das Redekunstwerk des Präsidenten mit Lebkuchen bedeckt hatte, erwähnte er wie beiläufig, welche Unruhe die Zeitungsberichte über seinen Deutschlandplan in der Öffentlichkeit ausgelöst und fragte, was der Präsident dagegen zu tun gedenke. Ob er sofort gemeinsam mit Hull und Stimson eine gemeinsame Erklärung vorbereiten solle? Am Nachmittag rief dann die Sekretärin an und teilte ihm mit, daß der Präsident nicht die Absicht habe, irgendetwas in dieser Angelegenheit zu unternehmen. Er nehme es für bloßes Zeitungsgeschwätz! Morgenthau pflichtet ihr bei, obwohl er durchaus dagegen ist. Nichts tun, in einer solchen Sache!

Kaum im Amt erfährt er nun, daß an diesem Montag morgen in einer beliebten Radiosendung über seinen Deutschlandplan hergezogen worden sei. Ein Angestellter des Ministeriums habe die Sendung zufällig gehört. Der Minister läßt ihn kommen, und was er von ihm erfährt, beunruhigt ihn noch mehr. Er ruft Hull an. Was man gegen diese Pressehetze unternehmen könne, und wer den Journalisten die ganzen Einzelheiten seines geheimen Planes zugespielt habe? In der Washington Post stehe, daß der Morgenthauplan mit kritischen Bleistiftanmerkungen im Außenministerium in Umlauf sei. Hull sagt, daß ihm davon nichts bekannt sei; da er selbst nicht mehr dem Kabinettsausschuß angehöre, müsse er sich schon mit Stimson darüber in Verbindung setzen. „Ausgerechnet der!" erwidert Morgenthau bitter. Ihm sei zu Ohren gekommen, daß der Kriegsminister mit dem Publizisten Walter Lippman gesprochen habe! Dann, rät Hull, müsse er eben den Präsidenten bitten, ein Dutzend Leute um seinen Tisch zu versammeln, um die Angelegenheit zu bereinigen. Morgenthau stimmt zu, aber leider wolle der Präsident in dieser Sache nichts unternehmen! Die Stimme des Finanzministers tremoliert, als er das sagt, denn er stellt sich lebhaft vor, was geschehen kann, ja, muß, wenn man die Sache einfach treiben läßt. Da braucht in diesem Wahlkampf nur irgendjemand eine ungeschickte Erklärung abzugeben, und sein schöner Deutschlandplan ist futsch!

Abends ruft Morgenthau noch einmal die Sekretärin des Präsidenten an. Ob Sie ihn auch bestimmt richtig verstanden habe? Der Präsident möge ihm erlauben, den Presseleuten das sogenannte Schwarzbuch zu überreichen, das er ihm mit nach Quebec gegeben habe. Darin seien seine Vorschläge enthalten, das deutsche Volk auch einer psychologischen Behandlung zu unterziehen, damit es sich kollektiv für schuldig halte an der Vergasung von Millionen Juden. Damit könne man die Journalisten vielleicht von seinen wirtschaftlichen Plänen für Deutschland ablenken. Grace Tully erwidert, daß sie ihn bei seinem ersten Anruf nicht so verstanden habe, jetzt habe sie ihn aber begriffen. Morgenthau teilt ihr noch mit, daß er je ein Exemplar dieses Schwarzbuches bereits an Professor Lindemann, dem jetzigen Lord Cherwell, und an den sowjetischen Botschafter Gromyko ausgehändigt habe, so daß man das Einverständnis der Alliierten über die psychologische Behandlung der Deutschen voraussetzen könne. Die Sekretärin versichert, dem Präsidenten alles genau vorzutragen und ihm Bescheid zu geben.

Hopkins kommt Morgenthau besuchen. Er meint, der Präsident sollte auf einer Pressekonferenz erklären, daß das Kriegsministerium lediglich eine Richtlinie für Eisenhower vorbereitet habe, die vom Außenministerium und Finanzministerium gutgeheißen worden sei. Dadurch könne man das Gerede über den Morgenthauplan zunächst einmal als unsinnig hinstellen. Morgenthau nickt dankbar, hält eine solche Maßnahme jedoch für ungenügend. Zwei Tage später speist Morgenthau mit Generalstabschef Marshall. Unter Hinweis, daß er es als streng geheim behandeln müsse, zeigt er seinem hochgradigen Freimaurerbruder das in Quebec gutgeheißene Planwerk über die Nachkriegsbehandlung Deutschlands. Ärgerlich erwidert Marshall, daß darüber ja schon in Schweizer Zeitungen zu lesen sei. Man brauche sich nun nicht wundern, wenn man gar keinen Erfolg damit habe, die Deutschen über Lautsprecher zur Kapitulation aufzufordern.

Morgenthau kann den Vorwurf nicht ertragen. Zu tief fühlt er sich verletzt über den schrecklichen Sturz aus den höchsten Höhen seiner politischen Laufbahn in das armselige Dasein eines Prügelknaben. Die amerikanischen Zeitungen befassen sich immer ausgiebiger mit dem Morgenthauplan. Denn der Wahlkampf bringt die Gemüter in Wallung. Gefährlich droht für Roosevelt der Kommentar des Journalisten William Childs zu werden, daß solche Ausrottungspläne mit Sicherheit dazu führen müßten, die Deutschen zum äußersten Widerstand anzustacheln. Dadurch würde man den Krieg endlos verlängern. Damit widerlegt er das wichtigste Wahlversprechen Roosevelts, er wolle den Krieg so schnell wie möglich beenden. Morgenthau fühlt sich beunruhigt. Denn der Präsident weigert sich noch immer, ihn zu sprechen. Wie kann er ihm das antun!

Von diesem Gedanken gepeinigt, schleicht er sich ins Weiße Haus und meldet sich bei Roosevelts Tochter, Anne Boettiger, an, übergibt ihr alle Zeitungsausschnitte zu seinem Deutschlandplan und fleht sie an, sie dem Präsidenten vorzulegen. Frau Boettiger meint zwar, daß ihr Vater das alles schon kenne, erklärt sich jedoch bereit, damit zu ihm zu gehen. Schon nach wenigen Minuten kehrt sie aus dem Zimmer des Präsidenten zurück, legt ihren Arm um Morgenthaus Schulter und schiebt ihn mit sanfter Gewalt aus dem Vorzimmer. Der Vater möchte ihn unter keinen Umständen sprechen. Damit Morgenthau in seiner Verzweiflung keinen Vorstoß versucht, begleitet sie ihn bis zum Fahrstuhl. Denn sie kennt diesen Mann schon aus der Zeit, als sie noch im Elternhaus lebte und er zu den häufigsten Hausgästen zählte.

Roosevelt möchte sich Morgenthau nur für die Zeit bis zur Wahl vom Halse halten, weil er ihn sonst noch um alle Aussichten bringt, als Präsident wiedergewählt zu werden. Den Journalisten entgeht es natürlich nicht, daß der Präsident seinen Finanzminister nicht mehr empfängt. Es fällt ihnen sogar auf, daß er den Außenminister nun umso häufiger zu sich bittet. Denn Hull genießt bei den Amerikanern Ansehen. Und ebenso wie die Öffentlichkeit fällt auch Hull darauf herein. Er benutzt das scheinbar zurückgewonnene Vertrauen des Präsidenten, um ihm die Unsinnigkeit des Morgenthauplanes vor Augen zu führen. „Von allen anderen ernsten Einwänden abgesehen, muß er ihnen persönlich in hohem Maße politisch schädlich sein!" Roosevelt hört sich alles schweigend an und nickt.

Am Nachmittag des 6. Oktober kann Harry Dextor White dem Finanzminister eine gute Nachricht bringen. Der sowjetische Botschafter Gromyko möchte ihn gern wegen seiner ‚Friedenspläne für Deutschland' sprechen. Morgenthau würde das Wort am liebsten ablecken: „Friedenspläne! Was hast du ihm gesagt, Harry?" Nun, sagt White, was zur Debatte stehe. „Wieviele Wodkas?" erkundigt sich der Minister augenzwinkernd. — „Oh, nur einen. Er wollte mir mehr eintrichtern, ich hielt es aber für besser, bei einem zu bleiben. Er ist zweieinhalb Monate drüben gewesen, wußten Sie das? Ich nicht. Er behauptet zwar, nichts Amtliches zu Ihren Plänen gehört zu haben, meint aber, man stehe dem, was als Morgenthauplan bezeichnet werde, sehr nahe oder noch näher." Morgenthaus Ohren wedeln. „Das ist interessant", stellt er schmunzelnd fest. White berichtet, der Botschafter habe auch von einem Memorandum gesprochen, daß Harry Hopkins zur deutschen Filmindustrie verfaßt habe. Er sei der Auffassung, die Deutschen dürften keine Filme mehr herstellen; vielmehr sollten amerikanische, britische und russische Gesellschaften Filme in Deutschland drehen. „Ich sagte, wir hätten einen viel besseren Weg gefunden, indem wir deutschen Filmregisseuren die Herstellung von Filmen gegen Lizenz erlaubten. Diese Lizenzen dürften nur auf ein Jahr gelten und müßten danach erneuert werden. Würden die deutschen Filme Propaganda enthalten, würde die Lizenz einfach entzogen. Botschafter Gromyko empfahl, wir möchten unsere Vorstellungen in einem Memorandum zusammenfassen."

Drei Tage später trifft Churchill mit Eden in Moskau ein. Molotow empfängt sie unter großem Zeremoniell überaus herzlich. Am Abend lädt sie Stalin zu sich in den Kreml. Churchill nimmt diese Einladung wahr, mit Stalin über den Balkan zu sprechen. „Ihre Armeen stehen in Rumänien und Bulgarien. Wir haben dort Interessen, Vertretungen, Agenten. Lassen Sie uns nicht über Zwirnsfäden stolpern! Was nun Britannien und Rußland anbelangt, was halten Sie davon, wenn wir Ihnen eine neunzigprozentige Vorherrschaft über Rumänien zugestehen und Sie uns eine neunzigprozentige Vorherrschaft über Griechenland, wenn wir uns Jugoslawien und Ungarn je zur Hälfte in unseren Interessen teilen, wofür wir Ihnen für Bulgarien eine Dreiviertelvorherrschaft einräumen?" Er hat ihm das auf einem Zettel aufgezeichnet. Stalin zögert einen Augenblick, dann nimmt er seinen Kopierstift aus der Tasche und hakt die Rechnung ab. Die Angelegenheit ist bereinigt. Es tritt eine längere Pause ein. Schließlich sagt Churchill: „Könnte es nicht als zynisch ausgelegt werden, wenn wir hier im Handumdrehen über das Schicksal von Millionen von Menschen entschieden haben? Soll ich das Papier vernichten?" — „Nein, behalten Sie es ruhig!" sagt Stalin gleichgültig, und gemeinsam setzen sie ein Telegramm an Roosevelt auf, um ihn herzlich zu grüßen.

In Amerika beginnt Morgenthau immer mehr Hoffnung zu schöpfen. Kein geringerer als der große Kriegsgewinnler Bernard Baruch hat ihn angerufen, um ihm mitzuteilen, daß er voll und ganz hinter seinem Deutschlandplan stehe. Man dürfe den Deutschen überhaupt nichts durchgehen lassen. Die Engländer hätten nach dem ersten Weltkrieg schon dasselbe Ding gedreht, um Deutschland zu helfen. Morgenthau erwidert, daß man eben deswegen diesmal die Engländer auf seinen Deutschlandplan festnageln müsse. „Noch niemals ist jemand so grob mit mir umgegangen wie Churchill! Er benahm sich richtig gemein. Als ich ihm dann aber die Möglichkeit eröffnete, den gewünschten Sechseinhalb-Milliarden-Kredit zu bekommen, stimmte er plötzlich meinem Plan zu."

Morgenthau weiß inzwischen, daß ihn der Präsident nur meidet, damit in der Öffentlichkeit nicht mehr über den Morgenthauplan gesprochen werde. Er will diese Zeit der Verbannung so gut wie möglich nutzen. Ein Buch soll geschrieben werden, daß man am Tage des deutschen Zusammenbruchs unter seinem Namen und dem Titel ‚Unser Problem heißt Deutschland' herausbringen will. Die Arbeitsentwürfe werden bereits im Ministerium erarbeitet. Das Buch soll den Nachweis erbringen, daß dieser Krieg nur stattgefunden habe, weil man nach dem ersten

Weltkrieg zu nachsichtig mit den Deutschen gewesen sei. Darum stelle Deutschland das Problem der Amerikaner dar, weil man Gefahr laufe, denselben Fehler von damals zu wiederholen. „Meiner Meinung nach sollte das vorausstehen, warum die Kontrollmaßnahmen versagten, und warum sie, wenn wir diesmal genauso verfahren, wieder versagen müssen. Es wird mir immer unheimlicher, wenn ich Leute sagen höre, man könne durch Kontrollmaßnahmen diese Angelegenheit regeln. Ich meine, eine solche Vorstellung muß man als erste zerschlagen!" Der Minister erwägt, den Erlös aus dem Buch, das andere für ihn schreiben, dem Amerikanischen Roten Kreuz zur Verfügung zu stellen. „Dann können wir nämlich diese große freiwillige Hilfsorganisation für den Verkauf des Buches einsetzen, wenn sie wissen, daß sie für jedes verkaufte Exemplar soundsoviel abbekommen." Gaston meint, der Herr Minister werde die Genehmigung des Präsidenten einholen müssen, weil das Buch durch seinen Namen einen recht offiziellen Charakter bekäme. „Ich werde es herausbringen, mit oder ohne Genehmigung!" ruft Morgenthau aus.

In London einigt sich der Europäische Beratende Ausschuß über die endgültigen Grenzen der militärischen Besetzung Deutschlands und Österreichs. Vier Tage später wird Roosevelt mit knapper Mehrheit erneut zum Präsidenten gewählt. Hull möchte der neuen Regierung nicht mehr angehören. Kaum hat das Morgenthau erfahren, setzt er sich bereits mit Frau Roosevelt in Verbindung und rät ihr, ihrem Gatten Stettinius als Nachfolger für Hull zu empfehlen. „Er ist zwar kein idealer Mann für die Außenpolitik, doch ich bin sicher, er ist der richtige Mann für den Präsidenten, der lieber sein eigener Außenminister sein möchte und darum mehr einen guten Bürovorsteher braucht." Noch am selben Tag wird Stettinius zum Außenminister bestimmt, und da ihm der Präsident sagt, wem er das zu verdanken habe, schreibt er Morgenthau ein Dankschreiben. „Von ganzem Herzen danke ich Ihnen für Ihr Vertrauen und Ihre Unterstützung, die mir mehr bedeuten als Sie ahnen." Morgenthau läßt Stettinius nicht darüber im Unklaren, wie er sich den Dank für seine Hilfe vorstellt. Was Hull bisher mit Erfolg unterdrücken konnte, lappt jetzt im Außenministerium über. Auf dessen amtlichen Nachrichtenwegen tauchen nun Berichte über die Ermordung von Millionen Häftlingen in den deutschen Konzentrationslagern auf. Stettinius hat keine Bedenken, alle wilden Greuelmeldungen ungeprüft zu übernehmen.

Journalisten der Nationalen Pressekonferenz in Washington zeigen sich nicht bereit, solche politischen Fahrlässigkeiten einfach hinzunehmen. Der Journalist Oswald F. Schuette schreibt an Kriegsminister Stimson: „Der Ausschuß Kriegsflüchtlinge, dem Sie angehören, hat soeben einen umfangreichen und detaillierten Bericht über die Ermordung von 1 765 000 Häftlingen durch die Deutschen in den, wie es dort heißt, ‚deutschen Vernichtungslagern Auschwitz und Birkenau' veröffentlicht. ‚Der Ausschuß hat allen Anlaß', heißt es in dieser entsetzlichen Verlautbarung, ‚zu glauben, daß in diesen Berichten ein der Wahrheit entsprechendes Bild von den fürchterlichen Ereignissen in diesen Lagern gezeichnet wird. Er veröffentlicht die Berichte in der festen Überzeugung, daß sie von allen Amerikanern gelesen und verstanden werden'. Hauptsächlich der Umstand, daß Sie Mitglied dieses Ausschusses sind, verleiht dieser Veröffentlichung vor der Öffentlichkeit den Anspruch auf Glaubwürdigkeit. Da Minister Hull vor seinem Ausscheiden viele Monate krank war, ist nicht anzunehmen, daß er Gelegenheit hatte, die Unterlagen kritisch zu prüfen. Das einzige übrigbleibende Ausschußmitglied, Minister Morgenthau, ist zwar Jurist, ihm fehlt es aber an Erfahrungen, um die Annahme rechtfertigen zu können, er sei in der Lage gewesen, die kritische Überprüfung vorzunehmen, die nötig wäre, die Glaubwürdigkeit des Berichts festzustellen. Sie indessen genießen einen solch hervorragenden Ruf als Jurist und als pflichtbewußter Minister unter zwei Regierungen, daß Ihr Name unter dem Dokument diesem eine überzeugende Zuverlässigkeit gibt. Diese Tatsache legt Ihnen eine schwere Verantwortung auf. Greuelgeschichten sind in der Kriegspropaganda nichts Neues. Ich war im vorigen Krieg dreieinhalb Jahre Kriegsberichterstatter und weiß, was auf diesem Gebiet passiert ist."

Kriegsminister Stimson ersucht seinen Unterstaatssekretär, diesen Brief zu beantworten, und McCloy gibt den Brief an Morgenthaus Vertrauensmann im Ausschuß weiter, an J. B. Friedman. So fällt die Antwort an den Journalisten entsprechend aus. Schuette ist auch keinesfalls damit zufrieden. Er schreibt ein zweitesmal an Stimson: „Ich bezweifle, ob Sie als Jurist und Anwalt einem Gericht bei weit weniger wichtigen Angelegenheiten ein anonymes Zeugnis vorlegen würden, dessen Zuverlässigkeit lediglich von der ‚Meinung vertrauenswürdiger und erfahrener Beamter' oder ‚den wohlüberlegten Meinungsäußerungen von Sachverständigen' gestützt wird." Diesmal läßt der Kriegsminister, der sich überfragt fühlt, den Brief direkt an das Finanzministerium weiterleiten, und zwar an John Pehle, dem Geschäftsführenden Vorsitzenden des Ausschusses Kriegsflüchtlinge, um von ihm eine verbindliche Antwort zu bekommen. Pehle weiß auch nichts Genaues und gibt den Brief an Minister Morgenthau weiter. Oswald Schuette bekommt keine Antwort mehr.

Die letzte Kriegsweihnacht rückt heran. Morgenthau verbringt diese Zeit in seinem Landhaus. Frau Roosevelt hat ihm als Weihnachtsgabe einen Brief mit eigenen Gedanken zur Deutschlandpolitik geschickt. Sie bringt ihn geradezu auf neue Gedanken, wie den, allen Deutschen jegliche naturwissenschaftliche Forschung zu untersagen. Morgenthau fühlt sich sehr glücklich über dieses so sinnvolle Weihnachtsgeschenk. Am Silvestertag kommt ihn auf zwei Stunden sein Verbindungsmann zum alliierten Hauptquartier, Oberst Bernard Bernstein, besuchen. Er unterstützt Morgenthaus Deutschlandplan vorbehaltlos, weshalb er ihn zu sich einlud. Doch sei Generalstabschef Bedell Smith ungewöhnlich aufgebracht darüber gewesen. „Warum zum Teufel stört der Finanzminister den Krieg und wünscht Oberst Bernstein zu sprechen!" Am Neujahrstag kommt White den Minister besuchen und bringt eine Nachricht mit: „Ich weiß nicht, ob es Oberst Bernstein mit Ihnen schon besprochen hat, aber es scheint mir ebenso wichtig zu sein, wenn nicht noch wichtiger als alle Entscheidungen an der Front, nämlich seine Mitteilung, daß alle führenden Männer, alle Generale, heute kein schwaches Deutschland mehr wollen. Sie wollen sogar ein starkes Deutschland!" Das sind schlechte Nachrichten für Morgenthau. Er läßt in seinem Ministerium ein neues Memorandum anfertigen, in dem er den Nachweis erbringt, daß der eigentliche Beweggrund der Leute, die gegen ein schwaches Deutschland seien, in der Furcht vor der Sowjetunion und dem Kommunismus zu suchen sei. „Es handelt sich um den zwanzig Jahre alten Gedanken eines ‚Bollwerks gegen den Bolschewismus', der einer der Gründe war, dem wir diesen Krieg zu verdanken haben." Er schließt das Memorandum mit den Worten: „Ich kann mir nichts vorstellen, was jetzt mehr geeignet wäre, Vertrauen oder Mißtrauen zwischen den Vereinigten Staaten und Rußland herzustellen als die Haltung unserer Regierung zur Deutschlandfrage!"

Stettinius muß sich mit Morgenthaus Plan für den Präsidenten befassen, der Sowjetunion für die Zeit nach dem Kriege umfassende Finanzhilfen anzubieten. Er schreibt nun dem Finanzminister, daß inzwischen auch das Ersuch um einen großzügigen Wiederaufbaukredit aus Moskau eingegangen sei und er möchte sich darum mit ihm beraten. Morgenthau kommt dazu ins Außenministerium. An der Konferenz nehmen auch die wichtigsten Sachbearbeiter des neuen Außenministers teil. Es sei schade, sagt Morgenthau, daß man nun schon seit Monaten mit der sowjetischen Regierung wegen des Zusatzabkommens feilsche. Man solle ihr ein klar umrissenes, sehr großzügiges Angebot vorlegen. Sie wünsche bestimmte Industrieanlagen aus Amerika zu bekommen. Man solle ihr für die Zeit nach dem Kriege dieselbe Gütermenge zu annähernd denselben Bedingungen wie im Kriege anbieten. Dafür müsse man jedoch mit einer Senkung der bisher entstandenen Schulden, wie sie die sowjetische Regierung vorschlage, einverstanden sein. Daraufhin macht Dean Acheson den Finanzminister darauf aufmerksam, daß der Sowjetunion keine Kredite zu einem Zinssatz angeboten werden könnten, der unter dem liege, zu dem die Regierung der Vereinigten Staaten sich im eigenen Land selbst Geld leihe. Man habe gegenüber der sowjetischen Regierung jeglichen guten Willen gezeigt, dennoch stellten sich die Verhandlungen als sehr langwierig heraus. Morgenthau erwidert, daß es seines Erachtens unter dem Gesichtspunkt des guten Willens ratsam sei, trotzdem ein zinsloses Angebot zu machen. Er denke dabei nicht an ein Angebot in Höhe von einer Milliarde Dollar, sondern an einen Kredit in Höhe von zehn Milliarden. Man sollte darüber noch hinausgehen und einen zusätzlichen Kredit in Höhe von sechs Milliarden anbieten mit einer Laufzeit von dreißig Jahren bei einem Zinssatz von zweieinhalb Prozent, dazu einen weiteren über zehn Milliarden mit einer Laufzeit von fünfunddreißig Jahren bei einem Zinssatz von zwei Prozent, wobei die Regierung der Vereinigten Staaten die Rückzahlung auch wahlweise in Form bestimmter Rohstoffgüter annehmen sollte. Eine solche Geste des Entgegenkommens würde die sowjetische Regierung davon überzeugen, daß man offenbar entschlossen sei, mit ihr zusammenzuarbeiten. So überwinde man den Argwohn sowjetischer Dienststellen gegenüber amerikanischen Angeboten.

In einem Brief an den Präsidenten legt Morgenthau nochmals diese Finanzhilfevorstellungen dar. „Wenn wir jetzt die Initiative ergreifen und den Russen einen klaren Plan vorlegen, wie wir ihnen in der Zeit des Wiederaufbaus helfen wollen, so würde das nach meiner Überzeugung sehr dazu beitragen, viele Schwierigkeiten, die wir wegen der inneren Probleme und Politik der sowjetischen Regierung gehabt haben, zu bereinigen. Wenn Sie zum jetzigen Zeitpunkt Interesse an einem Finanzplan dieser Art haben, wäre ich für eine baldige Gelegenheit dankbar, ihn mit Ihnen und Herrn Stettinius zu erörtern." Das gefällt Roosevelt. Schon nach der Kabinettssitzung vom 19. Januar gewährt er seinem Finanzminister eine Unterredung. Diese Aussprache muß für Morgenthau günstig verlaufen sein. Denn bereits am 20. Januar kann im Finanzministerium eine Vorbesprechung des Ministers mit dem sowjetischen General Rudenko stattfinden, der in Begleitung von Offizieren und Diplomaten gekommen ist, um den Finanzminister über die große Sommeroffensive der Roten Armee gegen Ostpreußen und Pommern zu berichten. Rudenko legt dem Minister seine Bedenken wegen der verzögerten Auslieferungen von Industrieanlagen dar, durch die die sowjetischen Raffinerien erweitert werden sollen. Morgenthau verspricht rasche Abhilfe. „Ich bin eindeutig für die Russen, weil sie mehr Deutsche getötet haben als irgend jemand sonst!"

An diesem eisigen Wintertag findet in Washington traditionsgemäß die Amtseinführung des neugewählten Präsidenten statt. Der wiedergewählte Roosevelt steht auf der Treppe zum Garten des Weißen Hauses, um der Feier seiner Wiedereinführung beizuwohnen. In seiner Ansprache bezeichnet er sich als Weltbürger der Vereinten Nationen. Ein Traum der Freimaurerei scheint in Erfüllung gegangen. Zwei Tage später begibt sich der Präsident an Bord des Kriegsschiffes Quincy, um nach Europa zu reisen. Am 2. Februar trifft er auf Malta ein, wo Churchill bereits auf ihn wartet. Roosevelt macht einen kranken Eindruck und klagt über ständige Müdigkeit. Churchill möchte sich trotzdem noch mit ihm besprechen. Denn er fühle sich sehr beunruhigt über das politische Chaos in dieser letzten Phase des Krieges. Er redet auf den amerikanischen Präsidenten ein, die Rote Armee so wenig Gebiete Europas wie nur möglich besetzen zu lassen. Roosevelt findet dafür gar kein Verständnis und ist froh, als sie endlich weiterfliegen müssen.

Eigentlich hatte Roosevelt für die Konferenz in Jalta nur eine Delegation von fünfunddreißig Fachleuten vorgesehen. Jetzt müssen Transportflugzeuge je dreihundertfünfzig britische und amerikanische Delegierte nach Saki auf der Krim fliegen. Der Flugplatz liegt noch unter tiefem Schnee; mühsam hat man die Landebahnen freischaufeln müssen. Stalin empfängt seine Gäste im Sommerpalast des Zaren in Jalta. Wäre es nach Churchill gegangen, würde man sich über die Einflußgrenzen nach dem Krieg abgesprochen haben und hätte sie soweit östlich wie möglich verlegt. Stalin aber wirft die Frage nach Reparationsforderungen gegen Deutschland auf. Roosevelt sagt, daß die amerikanische Politik darauf abziele, der Sowjetunion zu Reparationen für den Wiederaufbau zu verhelfen und den Briten zu Reparationen in Form von Exportmöglichkeiten auf ehemals deutschen Exportmärkten. Da spricht Stalin von der Notwendigkeit, die deutsche Bevölkerung aus den ostdeutschen Gebieten auszusiedeln, die man Polen als Ersatz für die an die Sowjetunion verlorenen ostpolnischen Gebiete geben wolle. Churchill wendet ein, die britische Öffentlichkeit könne sich darüber abfällig äußern, wenn so viele Millionen Menschen vertrieben würden. „Obwohl ich persönlich nicht darüber schockiert sein würde, muß ich davon ausgehen, daß viele Leute in England es sein werden, wenn der Vorschlag gemacht wird, eine allzu große Anzahl Deutscher auszusiedeln." Stalin lacht; die meisten Deutschen würden schon beim Anrücken der Roten Armee aus diesen Gebieten davongelaufen sein! Churchill murmelt: „Das vereinfacht uns allerdings das Problem. Die Tatsache, daß Deutschland sechs bis sieben Millionen Menschen verlor und bis zur Kapitulation wahrscheinlich noch eine Million verlieren wird, macht für die Vertriebenen genügend Raum frei." Stalin ergänzt, daß dies noch leichter fallen werde, wenn man statt nur einer Million, zwei Millionen Menschen bis zur Niederlage töten könne. Roosevelt, dem man den Vorsitz über die Beratungen antrug, nickt zufrieden und vertagt die Sitzung. Am anderen Tag kommt es zu einem Geheimabkommen, in dem sich die sowjetische Regierung ihre Bedingungen für den Kriegseintritt gegen Japan garantieren läßt: politischer Einfluß über die Äußere Mongolei; Inbesitznahme von Südsachalin und den Kurilen; Dairen wird internationaler Hafen, Port Arthur sowjetischer Kriegshafen; Mitspracherecht über die mandschurische Eisenbahn. Stalin ist mit dem Ergebnis zufrieden. Auch Roosevelt freut sich, weil der sowjetische Diktator seinem Plan über den Aufbau der Vereinten Nationen endgültig zustimmte, nachdem er der Sowjetunion als einziges Mitglied drei, statt nur einen Sitz einräumte; ursprünglich wollte sie sechzehn haben. Auf dem Abschiedsbankett sagt Churchill: „Ich muß gestehen, daß ich nie zuvor in diesem Krieg die Verantwortung so schwer auf mir lasten fühlte, nicht einmal in den schwärzesten Stunden, wie auf dieser Konferenz. Unterschätzen wir die Schwierigkeiten nicht! Nationen, die Waffenbrüder waren, sind in der Vergangenheit schon nach fünf bis zehn Jahren auseinandergetrieben worden."

In London gibt der Europäische Beratende Ausschuß Einzelheiten über die militärische Verwaltung Deutschlands bekannt. Ein ungehinderter Verkehr zwischen den Besatzungszonen sei nicht vorgesehen. „Die Fahrt der Eisenbahnzüge wird an der Demarkartionsgrenze enden. Hunger in einer Zone kann durch Nahrungsmittel aus der anderen nicht behoben werden." Morgenthau läßt in seinem Ministerium sogar schon Vorbereitungen treffen, in den verschiedenen Besatzungszonen eigene Währungen einzuführen.

Sein jüdischer Mitbruder in England, Prof. Lindemann, bedrängt den britischen Premierminister, das an Präsident Roosevelt bereits vor der Jalta-Konferenz abgegebene Versprechen, jetzt noch einzulösen, die Vernichtung des zur ‚offenen Stadt' erklärten Dresdens. Die deutsche Ostfront ist bereits zusammengebrochen. Die Rote Armee steht keine hundert Kilometer von Dresden entfernt. Ein kaum übersehbarer Strom an schlesischen Frauen und Kindern ist vor dem Wüten der Roten Armee nach Dresden geflohen. Diese Menschen, vom Grauen des bolschewistischen Terrors gepackt, müssen bei grimmiger Kälte oft in Notlagern auf der Straße hausen, weil alle Häuser mit Flüchtlingen überbelegt sind. Bisher blieb Dresden von Luftangriffen verschont, denn als militärisches Ziel ist es bedeutungslos, eine Stadt ohne kriegswichtige Industrie. Churchill hat viele Wünsche an Roosevelt. Er meint, es sich nicht erlauben zu können, dem Willen des Präsidenten zu widersprechen, Dresden dem Erdboden gleichzumachen. Darum gibt er Befehl zum Angriff. In drei Großangriffen wird Dresden zerstört. Das Ausmaß der Zerstörung übertrifft alles, was bisher im schwer betroffenen Deutschland an Vernichtung erzielt wurde. Ein drei Kilometer langes Trümmerfeld zieht sich durch die Stadt, in dem nun eine Viertelmillion Tote liegen. Als Gegenleistung wünscht sich Churchill von Roosevelt, den sowjetischen Antrag abzulehnen, das aus Kommunisten gebildete Lubliner Komitee als offizielle polnische Regierung zur Gründungsversammlung der Vereinten Nationen einzuladen. Roosevelt sieht jedoch keine Schwierigkeiten, mit Stalin auszukommen. Vor seinem Kabinett beklagt er sich: „Die Briten scheinen ernstlich gewillt, die Vereinigten Staaten in einen neuen Krieg mit Rußland zu bringen! Wenn wir den britischen Wünschen folgen, werden wir darauf hingesteuert." Morgenthau erfährt zu seinem Entsetzen, daß Außenminister Stettinius nach der Jalta-Konferenz vom Präsidenten den vertraulichen Auftrag erhielt, einen neuen Deutschlandplan zu entwerfen, in dem einem Alliierten Kontrollrat die Aufgabe zufalle, das in Besatzungszonen aufgegliederte Land gemeinsam zu regieren, um Reparationsleistungen zu erzwingen. Der Export deutscher Industriegüter sei zu verbieten, nicht aber die Ausfuhr deutscher Rohstoffe wie Kohle. Morgenthaus Aufregung wird noch gesteigert, als der Großspekulant Bernard Baruch zu ihm kommt, um ihn in einem dreieinhalbstündigen Gespräch über seinen Deutschlandplan auszufragen. „Sehen Sie", klagt danach Morgenthau vor seinen Mitarbeitern, „er nennt ihn Morgenthauplan und wird sehr bald Baruchplan dazu sagen! Natürlich ist er mit Churchill sehr befreundet, und der hat ihn aufgefordert, nach England zu kommen und eine Rede zu halten. Denn als Churchill wegen der britischen Interessen in Griechenland von den amerikanischen Zeitungen heftig angegriffen wurde, sei er ans Telefon gegangen und habe die Herausgeber und Redakteure im ganzen Land angerufen, um sie zu bewegen, ihre Angriffe auf Churchill einzustellen, und Harry Hopkins habe ihm dafür gedankt."

Morgenthau setzt sich mit Isidor Lubin zusammen, dem Statistiker im Beraterstab des Präsidenten, um von ihm etwas über den neuen Entwurf des Außenministeriums zu erfahren. Was er zu hören bekommt, bestärkt ihn in der Vermutung, daß einige führende Beamte des Außenministeriums dieselben Ansichten durchsetzen konnten, die sie schon unter Hull vertraten. Sie scheinen gar keine Rücksicht auf die Beschlüsse der Jalta-Konferenz zu nehmen oder auf die Wünsche des Präsidenten. Sofort läßt er eine scharf formulierte Erklärung aufsetzen, die dem Präsidenten vorgelegt werden soll. Das ist am Donnerstag gewesen, und am Freitag, dem 23. März 1945, als sowjetische Truppen die deutschen Verteidigungsstellungen bei Gotenhafen und Danzig durchbrechen und die britischen Truppen nach Wesel vorstoßen, unterzeichnet Roosevelt den Morgenthauplan, der amtlich die Bezeichnung Direktive 1067 trägt. Damit geht er als Weisung der Vereinigten Staatschefs an das Oberkommando der amerikanischen Besatzungsstreitkräfte in Deutschland. Welche Kollektivschuld müßte Amerikanern daraus erwachsen!

Am Nachmittag dieses Tages kommt Morgenthau glückstrahlend ins Amt, wo sich die Abteilungsleiter bereits zur Konferenz mit ihm zusammengefunden haben. „Diesmal sind Sie nicht zum Arbeiten hier! Ich möchte Ihnen nur sagen, wie ich mich darüber freue, was sich zugetragen hat. Um es kurz zu fassen — wir haben es geschafft, daß der Präsident das Memorandum des Außenministeriums vom 10. März für nichtig erklärte und in vollem Umfang annahm, was hier erarbeitet worden ist!" Diese Direktive an General Eisenhower sei der erste Schritt auf dem Weg zu einer Art Frieden, den er für dauerhaft halte. Er fühle sich für alle Schläge, die er seit Quebec einstecken mußte, mehrfach entschädigt. „Es ist sehr ermutigend, daß wir den Präsidenten hinter uns hatten. Das ist doch was! Sie versuchten, ihn herumzukriegen, aber sie schafften es nicht — diese Bande vom Außenministerium! Früher oder später muß der Präsident einfach sein Haus aufräumen, meine ich, diesen üblen Haufen da drüben und die Leute, die für Kartelle, Beschwichtigung und für den Aufbau Europas und für Geschäftsbeziehungen zu diesen Leuten sind. Es ist eben nichts weiter als ein übler Haufen, und früher oder später muß er ausgemerzt werden!"

Roosevelt weilt zur Erholung in Warm Springs. Durch eine Porträtmalerin läßt er sich in Öl malen. Bei einer dieser Sitzungen, gegen Mittag des 11. April, klagt er plötzlich über heftige Kopfschmerzen. Nachmittags kommt ihn Morgenthau im Auto besuchen. Roosevelt fühlt sich wieder etwas besser, und der Finanzminister bleibt bis zum Abend. Ihm fällt auf, wie bleich und eingefallen das Gesicht des Präsidenten aussieht. Dennoch drängt es ihn, ihm bei Tisch lange Abschnitte aus seinem Buchmanuskript vorzulesen. Entzückt greift er immer wieder etwas anderes heraus. „Hier, dieses Kapitel: Wie sechzig Millionen Deutsche sich ernähren!" Morgenthau schwelgt in seinen sadistischen Visionen für das ihm verhaßte deutsche Volk. Auch sein Logenbruder Roosevelt lebt sichtlich dabei auf und äußert sich sehr zufrieden über die gute Arbeit. Er steht noch immer zum Morgenthauplan und gibt seinem Minister die Druckerlaubnis für das Buch. Beglückt reist dieser wieder ab. Am 12. April, als er gerade in seinem Ministerium vor den Mitarbeitern von der Zustimmung des Präsidenten spricht, hält sich Bernard Baruch schon in Frankfurt auf, um mit hohen amerikanischen Offizieren die Aufgaben einer Militärregierung in Deutschland durchzusprechen. In diesem Augenblick erliegt Roosevelt einem Gehirnschlag.

100

Nach der amerikanischen Verfassung tritt an die Stelle eines verstorbenen Präsidenten der Vizepräsident als neuer Präsident. Churchill telegrafiert sofort an Truman, um ihn zu bitten, die russische Zonengrenze in Deutschland weiter östlich zu verlegen. Truman antwortet, daß die der Sowjetunion zugesprochene Zone nicht umstritten sei. Auch Morgenthau möchte sich mit dem neuen Präsidenten über die Zukunft Deutschlands unterhalten. Diese Unterredung findet am 20. April im Weißen Haus statt. Am anderen Tag berichtet er darüber seinen Mitarbeitern. „Nach Präsident Roosevelts Tod machen sich bereits erste Anzeichen für Veränderungen bemerkbar. Ich habe das auch Herrn Baruch gesagt. Der ist daraufhin zum Präsidenten gegangen, hat den gerade bei ihm anwesenden Außenminister Stettinius aufgefordert, das Zimmer zu verlassen, weil er mit dem Präsidenten ein ungezwungenes Wort sprechen möchte. Dann habe ich diesen unter Tränen angefleht: ‚Um Himmelswillen, entscheiden Sie sich, was Sie tun wollen!' Und zu mir sagte er über den vom Präsidenten stärker nach vorn gerückten Ministerialbeamten Clayton: ‚Ich reiße ihm das Herz aus dem Leibe, wenn er nicht spurt, und wenn ich mit ihm fertig bin, kann er sich in und um Washington nicht mehr sehen lassen!'"

Am 25. April 1945 ist Berlin von sowjetischen Truppen eingeschlossen. Hitler trennt sich von dem geheimnisvollsten Mitglied des Thulebundes, dem Leibarzt Prof. Morell. „Morell, ich brauche ihre Spritzen nicht mehr!" Bisher mußte ihn Morell ständig begleiten, denn er ist von seinen Spritzen abhängig geworden. Jetzt fürchtet er, Morell könne ihn durch seine Spritzen von dem Entschluß abbringen, sein Leben durch Selbstmord zu beenden. Morell wird aus Berlin ausgeflogen. Von seinen medizinischen Geräten nimmt er nur das Abtreibungsbesteck mit. Er legt großen Wert darauf, von den Amerikanern gefangen genommen zu werden, die ihn dann auch, obwohl er Träger des Goldenen Parteiabzeichens der Nationalsozialistischen Deutschen Arbeiterpartei ist, als ‚unbelastet' einstufen. Er darf sogar nach Amerika ausreisen und im Besitz seines beträchtlichen Vermögens bleiben. Wie eine Mutter sorgt die Loge für ihre Söhne!

An demselben Tag, da man Morell aus Berlin ausfliegt, treten in San Franzisko die Vereinten Nationen zu ihrer ersten Sitzung zusammen. Schon vor Beginn der Konferenz versuchen die Vertreter von sechsunddreißig Staaten, die diktatorischen Vollmachten der vier Polizeistaaten eingeschränkt zu bekommen. Auch alle übrigen Staaten, die vier Länder mit Vetorecht ausgenommen, stellen Antrag, die Zuständigkeit des Gerichtshofs der Vereinten Nationen zu erweitern, damit er den Befugnissen der vier Weltpolizisten im Sicherheitsrat Grenzen setzen könne. Fast alle Anträge, die an diesem ersten Tag abgegeben werden, spiegeln die Angst der unabhängigen Staaten wider, in einen Kolonialzustand abzusinken. Der sowjetische Außenminister Molotow droht den Vertretern kleiner Staaten vor der Vollversammlung: „Die Gegner einer internationalen Körperschaft wie dieser haben ihre Waffen nicht abgelegt. Sie betreiben Aufsässigkeit, auch wo sie das in einer verborgenen, verhüllten Weise tun. Dabei benutzen sie demokratische Redensarten, einschließlich des Bekenntnisses, sich zum Beschützer kleiner Nationen zu erheben, oder sie sprechen von der Gleichheit aller Nationen. Letzten Endes ist es gleichgültig, welche Begründungen sie verwenden, um die Bildung einer starken Organisation für die Sicherheit der Nationen zu verhindern."

In Italien ringt ein Mann um sein Leben. Kaum hat er Mailand verlassen, ergibt sich diese große Stadt fast widerstandslos den italienischen Partisanen. Am Abend des 26. April trifft er mit seiner Autokolonne in Como ein. Der Parteisekretär des Orts rät ihm, so bald wie möglich in die Schweiz zu fliehen. Mussolini wehrt ab und fragt den Parteisekretär, ob er genügend Männer auftreiben könne, um einen Partisanenüberfall abzuwehren. Das bejaht dieser, obwohl er soeben erst vom Polizeichef hörte, daß die Stadt bereits von Partisanen wimmle. „In zweierlei habe ich mich geirrt", sagt Mussolini. „Ich dachte, die heutigen Italiener seien Römer. Und ich habe mich in der Macht der Freimaurer getäuscht."

Noch in der Nacht verläßt er Como, das sich Stunden später schon den Partisanen ergibt. Mussolini fährt mit seiner Autokolonne in Richtung Norden. Da hört er, daß sich eine deutsche Flakeinheit unter einem Leutnant Fallmeyer nach Tirol durchzuschlagen versucht. Er schließt sich ihr an, und noch vor Tagesanbruch bricht man gemeinsam auf.

Um sieben Uhr stoßen sie auf eine Straßensperre der Partisanen. Leutnant Fallmeyer beteuert, sich nicht in italienische Angelegenheit einmischen zu wollen, sondern geradewegs nach Deutschland zurückzukehren. Sechs Stunden lang muß man warten, dann bekommt der Leutnant Erlaubnis, mit seinen Leuten zu passieren, vorausgesetzt, daß man die Fahrzeuge durchsuchen dürfe, ob sich auch keine Italiener darin versteckt halten. Fallmeyer läßt Mussolini einen deutschen Militärmantel und Stahlhelm geben. Die Begleiter, bis auf seine Geliebte und deren Bruder, die man im letzten Wagen unterbringt, müssen zurückbleiben. Als deutscher Flakkanonier klettert Mussolini in einen der Lastwagen. Die Tasche mit seinen Geheimdokumenten stellt er neben sich auf den Boden. Er hat alle Briefe bei sich, die Winston Churchill und andere bedeutende Logenbrüder ihm noch nach Kriegsbeginn schrieben. Churchill hat 1940 von Mussolini gesagt: „Daß dies ein wirklich großer Mann ist, werde ich niemals bestreiten!"

102

Die deutsche Wagenkolonne nimmt ihre Fahrt wieder auf, um auf dem Marktplatz von Dongo durch Partisanen durchsucht zu werden. Leutnant Fallmeyer begleitet sie. Als sie in den Wagen klettern, in dem zusammengekauert, im schlecht sitzenden Mantel, Mussolini sitzt, erkennen ihn die Partisanen sofort. Er wird aus dem Wagen gezerrt und unter Hieben zum Rathaus getrieben. Mussolini zeigt keine Angst. Als er von seinem Wächter erfährt, daß man auch eine Frau gefangengenommen habe, läßt er ihr eine Nachricht zukommen. Erst dadurch erfahren die Partisanen, daß die Frau seine Geliebte, Clara Petacci, ist. Am nächsten Nachmittag werden die beiden in einem Wagen aus der Stadt gefahren, zum Aussteigen aufgefordert und aus nächster Nähe durch eine Maschinengewehrgarbe erschossen. Zwei Männer läßt man als Wache zurück, bis die Leichen in einem beschlagnahmten Möbelwagen nach Mailand geschafft werden können, um sie dort, mit dem Kopf nach unten, aufzuhängen.

Adolf Hitler überlebt seinen Gesinnungsfreund nur um zwei Tage. Nach Hitlers Tod unternimmt Goebbels einen letzten Versuch, mit den Russen zu einem Sonderfrieden zu kommen. In einem Brief teilt er Marschall Schukow mit, daß Hitler tot sei, und er die Bedingungen für einen Waffenstillstand im Osten erfahren möchte. Damit schickt er General Krebs ins sowjetische Hauptquartier. Erst zwölf Stunden später kehrt dieser zurück. Die Antwort der sowjetischen Regierung fiel enttäuschend aus — bedingungslose Kapitulation!

In diesen Untergangstagen des Mai macht Minister Morgenthau seinen engsten Mitarbeitern die Mitteilung: „Ich arbeite jetzt mit Wissen und Genehmigung Präsident Trumans an einer Reihe von Aufsätzen über den sogenannten Morgenthauplan. Der erste ist fertig und soll von ‚Life‘ oder ‚Colliers‘s‘ veröffentlicht werden. Der Präsident stimmte ohne Zögern zu, aber ich wollte ihn diesen Artikel erst lesen lassen und werde ihn morgen übergeben. Dann werde ich ihm — ob er es tut, weiß ich nicht — den Vorschlag machen, von sich aus ein paar einführende Worte dazu zu schreiben, um der Öffentlichkeit zu zeigen, daß er es gelesen und gebilligt hat. Aber das ist wohl etwas viel gehofft!“ Dann spricht man darüber, wieviele Deutsche den Sowjets zur Zwangsarbeit ausgeliefert werden sollen. Ralph Bard vom Marineministerium sagt: „Angenommen, ein oder zwei Millionen Deutsche werden an die Sowjetunion ausgeliefert, so bin ich der Ansicht, daß es ein System geben müßte, wonach diese gegen Reparationen aufzurechnen wären, nach einem Satz von einem Dollar pro Tag oder so. Auf diese Weise können die Deutschen die Reparationen schneller abbezahlen.“ Crowley erwidert bissig: „Vielleicht sollten Sie anderen Gelegenheit zu einem Gegenangebot geben, sagen wir einen Dollar fünfzig pro Tag!" Als es darüber zu einer hitzigen Aussprache kommt, erhebt sich Crowley und verläßt den Raum. Nervös schaltet sich Morgenthau ein: „Ich meine, jemand vom Außenministerium müßte Mr. Crowley klar machen, was das Abkommen von Jalta enthält, und daß nicht wir in diesem Raum hier entscheiden, ob es Zwangsarbeiter geben soll oder nicht. Wir führen nur aus, was im Abkommen enthalten ist, und wenn Mr. Crowley dagegen angehen will, dann geht er nicht gegen uns hier an, sondern gegen die Vereinbarungen von Jalta. Das sollte ihm klargemacht werden! Legen wir doch ruhig die Karten auf den Tisch! Die Russen haben in Rumänien Leute aufgegriffen, die, wie wir hier sagen, deutscher Abstammung sind. Darin besteht ihr einziges Verbrechen, und die Russen haben sich davon eine ganze Menge genommen und verwenden sie nun als Zwangsarbeiter. Das ist eine feststehende Tatsache, und wir sollten uns am besten mit allen Tatsachen vertraut machen!"

In den Niederlanden, wo Generaloberst Blaskowitz die Kapitulation seiner Armee anbietet, wird er von Prinz Bernhard angelümmelt: „Ich verstehe und spreche kein Deutsch!" Dabei ist dieser ehemals deutsche Prinz sogar in der Reiter-SS gewesen, bevor er Prinz der Niederlande wurde! Später sagt er von Blaskowitz, daß dieser ein Ehrenmann der alten Schule gewesen sei. Aber in jenem Jahr 1945 wirft man Blaskowitz Kriegsverbrechen vor, und der General beendet sein Leben durch eine Kugel.

Am 8. Mai kapituliert die gesamte deutsche Armee bedingungslos. Am Tage darauf fällt Präsident Truman die Entscheidung, daß die Veröffentlichung der Morgenthau-Artikel vorerst zurückzustellen sei. „Ich möchte mit Stalin und Churchill sprechen und dabei alle Karten in der Hand haben", schreibt er an den Finanzminister. „Eine davon heißt Deutschlandplan. Ich möchte meine Karten nicht vorher ausspielen." Morgenthau läßt sofort alle Puppen tanzen, um dem Neuling von Präsident zu zeigen, wer in Amerika regiert. So muß Truman schon am 10. Mai, nur einen Tag nach seinem Brief an Morgenthau, dessen Plan als Direktive ICS 1067 durch Unterschrift anerkennen. Morgenthau bezeichnet das als seinen persönlichen Sieg. Im amerikanischen Senat wird unter der Nummer 745 ein Dokument registriert, das die Anzahl der in den deutschen Konzentrationslagern lebend vorgefundenen Häftlinge mit 14 Millionen angibt. Es gab jedoch nie mehr als acht Millionen Juden in Europa!

Drei Tage nach der bedingungslosen Kapitulation Deutschlands taucht in der größten Stadt des Ruhrgebiets ein ehrgeiziger junger Freimaurer im Rang eines amerikanischen Majors auf. Er geht durch Straßen, von denen viele nur noch Trampelpfade sind, die sich um riesige Trichter schlängeln. Er sucht die einzige noch betreibbare Rotationsdruckerei auf, um die erste Ausgabe der Ruhr Zeitung herauszugeben. Hans Habe nennt er sich. Gleich in der ersten Ausgabe tritt an die Stelle gerichtsmedizinischer Untersuchungen die literarische Kunstform des Essai, um den verstörten, abgehärmten, obdachlosen und hungernden Deutschen den vorgesehenen psychologischen Schock zu versetzen. Der Dichter, der über ein vom Internationalen Roten Kreuz nie nachgewiesenes, unerhörtes Verbrechen schreibt, heißt Thomas Mann, der alles aus erster Hand weiß, obwohl er Deutschland noch gar nicht wieder betreten hat. In parfümiertem Stil, bei dem der erste Satz in sechzehn Schachteln verpackt wird, teilt er den tiergewordenen Sprachverwandten mit, welche Schmach alle, die Deutsch sprechen, treffe. In der zweiten Ausgabe schreibt ein anderer Emigrant, Franz Werfel, über ‚Die Rettung der deutschen Seele'. Er gibt zu, daß das deutsche Volk einer furchtbaren Prüfung, ohne Muster und Beispiel in der Weltgeschichte, unterworfen sei. Danach leiert er das ganze Repertoire der psychologischen Kriegsführer ab, um die Methoden, die den Teufel selbst schamrot machen würden, aufzuzählen: Bratöfen und Gaskammern, Jaucheberge verwesender Mordopfer, Dünger- und Seifefabriken, um Menschenfett und Menschenknochen der Volkswirtschaft verwertbar zu machen. Das Mittel zur Erlösung sei für die Deutschen eine Anerkennung der subjektiven Schuld. Erlösung brachte das nicht. Im Gegenteil!

Verbrecherische Dinge passieren gerade jetzt! Siebenhunderttausend deutsche Zivilisten, zumeist Techniker, Gelehrte und Ingenieure, werden in die Sowjetunion verschleppt. Fast drei Millionen Deutsche werden in den von der Roten Armee besetzten Gebieten umgebracht. Die Zahl der Kriegsgefangenen, die zu Zwangsarbeit verurteilt werden, bleibt unbekannt. Denn im Gegensatz zu den deutschen Konzentrationslagern, können die sowjetischen niemals durch das Komitee vom Internationalen Roten Kreuz aufgesucht werden. Noch sieben Jahre später geben deutsche Regierungsstellen hundertsechstausend deutsche Soldaten namentlich an, die in der Sowjetunion als Zwangsarbeiter zurückbehalten werden. Britische Historiker sprechen von ‚mindestens zwei Millionen, vermutlich jedoch fünf Millionen Menschen', die in dieser Zeit an die sowjetischen Behörden zwangsausgeliefert werden — nicht nur Deutsche, auch Russen, die sich während des Krieges zur Arbeit nach Deutschland gemeldet hatten. Vor allem aber sind es deutsche Flüchtlinge — alte Männer, Frauen und Kinder. Allein im polnischen Vernichtungslager Lamsdorf werden über achttausend Oberschlesier, darunter mehr als achthundert Kinder und Säuglinge, umgebracht.

Angst und Schrecken erfüllt die Menschen, die zu irgendeiner Zeit den Glauben an die Unfehlbarkeit des Weltkommunismus verloren hatten. Aus der sowjetischen Gesandtschaft in Ottawa flieht ein Igor Souzenko, bloß weil er Bescheid bekam, in die Sowjetunion zurückzukehren. Er ersucht die kanadische Regierung um politisches Asyl und bringt ihr, um seine Befürchtungen zu rechtfertigen, Geheimdokumente mit. Der kanadische Ministerpräsident Mackenzie King sagt von ihnen, sie ‚enthüllten eine Situation, die für Kanada kritischer als je zuvor‘ sei. Er ist so bestürzt darüber, daß er damit in aller Stille zu Truman und Churchill fliegt.

Auch Amerikanern, wie dem zum Hauptankläger für Deutschland bestellten Richter Robert Jackson, kommen ernste Bedenken. Als Jackson am Nachmittag des 18. Mai vor dem interministeriellen Ausschuß erscheint und sein Zuspätkommen entschuldigt, wird gerade sein Brief vorgelesen: „Was die Welt braucht, besteht nicht darin, daß man den einen Menschenhaufen aus den Konzentrationslagern herausläßt, um einen anderen hineinzustecken, sondern daß dem Gedanken des Konzentrationslagers ein Ende gemacht wird!" McCloy versichert, daß man den Russen nur unter der Bedingung deutsche Kriegsgefangene zur Zwangsarbeit ausliefern wolle, daß sie sich an die Genfer Konvention halten. Worauf ein anderer erwidert, daß die Sowjetunion der Genfer Konvention gar nicht beigetreten sei. Morgenthau hat dem Präsidenten bereits seinen Rücktritt angeboten, sofern er nicht als Verlierer gehen müsse. In seinem Ministerium hält er letzte Besprechungen über sein Buch ab ‚Deutschland ist unser Problem‘. Eisenhower habe ihn gefragt: ‚Herr Morgenthau, enthält dieses Buch einen Plan für die nächsten anderthalb Jahre oder einen Plan für die Zeit nach diesen achtzehn Monaten?‘ Und er habe ihm erwidert: ‚Herr General, es ist ein Plan, der voll und ganz den nächsten achtzehn Monaten gewidmet ist‘. Denn die Hauptsache sei, daß sofort damit begonnen werde.

In dieser sonderbaren Friedenszeit kommt es nicht nur im besiegten Deutschland zu merkwürdigen Vorkommnissen. Auch im Siegerland England passieren sonderbare Dinge. Der britische Journalist Douglas Reed berichtet: „Ich habe selbst erlebt, wie Männer, von denen ich wußte, daß sie Kommunisten waren, nach England übersiedelten, hier ihre Namen anglisierten und an der Seite der hier bereits eingeschlichenen Genossen Schlüsselstellungen besetzten." Und er fügt hinzu: „Unter den 393 sozialistischen Abgeordneten befanden sich mehr jüdische Mitglieder, als Westminster je zuvor gesehen hat. Nicht nur waren die Juden zahlreicher im Parlament vertreten, sie befanden sich auch massenweise in der Arbeiterpartei. In den anderen Parteien gab es nur noch jüdische

106

Einzelgänger. Derart haben sich die britischen Juden mit dem zionistischen Angriff auf die britische Freiheit identisch erklärt." Tatsächlich gewinnen die Zionisten in diesen ersten Wochen nach dem Krieg überall an Macht. Um die Oberherrschaft zu gewinnen, scheuen sie auch nicht vor Terrormaßnahmen zurück. Sogar in der New York Times schreibt der jüdische Herausgeber: „Die erpresserischen Methoden der amerikanischen Zionisten, die die Juden anderer Gesinnung durch wirtschaftlichen Druck zum Schweigen bringen wollen, mißfallen mir. Als Amerikaner jüdischen Bekenntnisses werde ich wegen Bekanntgabe meiner Meinung wahrscheinlich in Schwierigkeiten geraten."

Die britischen Unterhauswahlen versetzen viele, die die Hintergründe des politischen Geschehens kennen, in Erstaunen. Der in England so populäre Churchill, Sieger eines soeben gewonnenen Krieges, muß sein Amt als Premierminister an einen sozialistischen Minister seines Kabinetts, an Attlee, abtreten. In Washington gibt auch Morgenthau sein Amt als Finanzminister auf, weil er vom Präsidenten für die Durchsetzung seines Plans feste Zusage erhielt. Dieser neue Präsident wird just an dem Tag, an dem er die erste Atombombe über Hiroshima abwerfen läßt, am 6. August, in den 33. Grad der Freimaurerei aufgenommen. Vierfünftel von Hiroshima liegt zerstört, zweihundertsechzigtausend Menschen sterben. Drei Tage später wird die zweite Atombombe über Nagasaki abgeworfen. Über hundertfünfzigtausend Tote. Japan bietet die bedingungslose Kapitulation an. Der Krieg ist vorüber, aber die Welt ist unfriedlicher denn je.

Auf der Potsdamer Konferenz kann Stalin mit Truman und Attlee ein Abkommen abschließen. Der Morgenthauplan wird dabei für alle drei als verbindlich anerkannt. „Alle Personen, die für die Besatzungsmächte und ihre Ziele gefährlich sind, müssen verhaftet und interniert werden." Und: „Es soll ohne Genehmigung der Besatzungsbehörden keine politische Tätigkeit irgendwelcher Art geduldet werden. In dem Ausmaß, wie alliierte Interessen nicht in Mitleidenschaft gezogen werden, wird Freiheit der Rede, der Presse und der Religion gewährt."

Der amerikanische Major Hans Habe arbeitet nun als Chefredakteur bei der von der amerikanischen Armee herausgegebenen Neuen Zeitung. Sein engster Mitarbeiter, Major Wallenberg, hat in Berlin den Terror der Roten Armee miterlebt. Er hörte dort Augenzeugen aus Schlesien und dem Sudetenland berichten. Er sagt zu Habe, daß alle Umerziehungsmaßnahmen in Deutschland erfolglos blieben, wenn man sich von solchen Vorgängen nicht distanziere. Wallenberg schreibt einen geharnischten Kommentar darüber, der auf der ersten Seite der Neuen Zeitung vom 21. Dezember erscheint: ‚Über die Prügelknaben'. „An allem sind die Preußen schuld! — klingt es nicht in einem anderen Satz nur zu ähnlich: An allem sind die Juden schuld? Den Sieger macht solche Patentlösung der Schuldfrage stutzig und mißtrauisch. Ihn erinnert sie daran, daß die Fassade umgefärbt, der Geist aber nicht gewandelt ist. Er versteht es, wenn viele Deutsche, und oft nicht die schlechtesten, die Schuld anders bemessen als er es tut; aber er zweifelt an dem guten Glauben derjenigen, die auf Kosten anderer in dem gleichen Boot billig davonkommen wollen. Er setzt sein Vertrauen nicht in die großen Aussteiger vor dem Herrn." Daraufhin kommt ein amerikanischer Oberst nach München, um den beiden Majoren den Prozeß zu machen. Das Gespräch findet im beschlagnahmten Haus des Verlegers Beck statt. Als sich Habe zu dem Satz hinreißen läßt, daß man an die Zukunft denkend, sich der moralischen Mitarbeit des besseren Deutschland versichern müsse, schlägt der amerikanische Oberst mit der Faust auf den Tisch: „Die Russen sind unsere Alliierten, die Deutschen unsere Feinde! Sie und Major Wallenberg sind von den Deutschen infiziert. Sie haben sich ihnen angepaßt." Er klappt den Aktendeckel des Falles zu und sagt: „Ich werde General McClure von diesem Gespräch berichten."

Zehn Wochen später ändert sich die Lage über Nacht. Freimaurer Habe berichtet: „Ich stand in der Nacht vom 5. März 1946 wie immer im Umbruchsaal der Schellingstraße. Es ging auf zwei zu. Metteur Altmann hatte gerade das letzte ‚Schiff' in die Gießerei bringen lassen. Ich wollte in mein Redaktionszimmer zurückkehren, wo ich, auf die ersten Exemplare der duftend-taufrischen Zeitung wartend, zwischen zwei und vier Uhr morgens eine kritische Redaktionskonferenz abzuhalten pflegte. Da läutete das Telefon auf dem Umbruchtisch. Das Hauptquartier General Eisenhowers in Paris meldete sich. Ein Offizier, dessen Namen ich bis dahin nie gehört hatte, erklärte: „Ich soll Ihnen die Weisung übermitteln, die Rede Churchills in Fulton ganzseitig auf der ersten Seite zu bringen." — „Ich weiß nichts von einer Rede in Fulton. Außerdem laufen in einer Stunde die Maschinen an." — „Sie haben die Maschinen anzuhalten! Ich lasse Ihnen die Rede durchgeben. Verbinden Sie mich mit einem englischen Stenografen!"

Mit dieser Rede Churchills, die er im amerikanischen Bundesstaat Missouri hielt, ändert sich die ganze amerikanische Politik. Churchill beschuldigt die Sowjetunion des kommunistischen Imperialismus. Der Kalte Krieg hat begonnen; keine zehn Monate nach dem Ende des zweiten Weltkriegs.

NAMEN- UND SACHREGISTER

110

QUELLENVERZEICHNIS

Abosch, H., Trotzki Chronik, München 1973
d'Argile, R., Ploncard d'Assac, J. u. a., Das Geheimnis um die Ursachen des Zweiten Weltkriegs, Wiesbaden 1968
Bird, E. K., Hess, München 1974
Boelcke, W. A., Kriegspropaganda 1939—41, Stuttgart 1966
Boelcke, W. A., Wollt Ihr den totalen Krieg?, Stuttgart 1967
Broad, L., Anthony Eden, München 1956
Brüning, H., Briefe und Gespräche 1934—1945, Stuttgart 1974
Christophersen, Th., Die Auschwitz-Lüge, Mohrkirch o. J.
Churchill, W., The Second World War, London 1948—54
Clauss, M. W., Der Weg nach Jalta, Heidelberg 1952
Domarus, M., Hitler, Wiesbaden 1973
Farago, L., Das Spiel der Füchse, Berlin 1972
Fikentscher, H., Prof. Dr. med. Theodor Morell, Neckargemünd o. J.
Friedländer, S., Auftakt zum Untergang, Stuttgart 1965
Gehlen, R., Der Dienst, Mainz 1971
Geschichte der deutschen Arbeiterbewegung, Berlin (Ost) 1966
Guillaume, A., Warum siegte die Rote Armee?, Baden-Baden 1949
Habe, H., Im Jahre null, München 1966
Hassel, U. v., Vom anderen Deutschland, Zürich 1946
Hatch, Alden, Prins Bernhard, Amsterdam 1962
Helbich, W. J., Franklin D. Roosevelt, Berlin 1971
Helmdach, E., Überfall?, Neckargemünd 1978
Höhne, H., Canaris, München 1976
Hoffmann, W., z. B. David Rockefeller
Hoggan, D. L., Der unnötige Krieg, Tübingen 1974
Irving, D., Mord aus Staatsräson?, Bern o. J.
Kardel, H., Adolf Hitler — Begründer Israels, Genf 1974
Kirkpatrick, Mussolini, Berlin o. J.
Konrat, G. v., Angriff von innen, Genf 1973
Konrat, G. v., Ein Paß für die Hölle, Genf 1972
Launay, J. v., Die großen Kontroversen unseres Jahrhunderts, Lausanne 1969
Leibholz-Bonhoeffer, S., Vergangen — erlebt — überwunden, Wuppertal 1968
Leviné, I. D., Die Psyche des Mörders, Wien 1970
Maler, J., Die sieben Säulen der Hölle, Buenos Aires 1974
Massenmord im Walde von Katyn, Der, o. J.

Meissner, O., Staatssekretär, Hamburg 1950
Michaelis, Prof. Dr. H. u. a., Der 2. Weltkrieg, Gütersloh 1968
Moos, H. v., Das große Weltgeschehen, Bern 1940—45
Müller, G., Überstaatliche Machtpolitik im 20. Jahrhundert, Pähl 1972
Mussolini, R., Mussolini ohne Maske, Stuttgart 1974
Pfeiffenberger, W., Die Vereinten Nationen, Salzburg 1971
Picker, Dr. H., Hitlers Tischgespräche im Führerhauptquartier, Stuttgart 1976
Reed, D., Der große Plan der Anonymen, Zürich o. J.
Reitlinger, G., Die Endlösung, Berlin 1956
Ribbentrop, A. v., Deutsch-englische Geheimverbindungen, Tübingen 1967
Rothfels, H., Die deutsche Opposition gegen Hitler, Frankfurt 1960
Schild, H., Das Morgenthau Tagebuch, Leoni 1970
Schlabrendorf, F. v., Offiziere gegen Hitler, Frankfurt 1960
Schmidt, Dr. P., Statist auf diplomatischer Bühne, Bonn 1949
Scholl, H., Der falsche Messias, Euskirchen 1976
Schwerin von Krosigk, L., Staatsbankrott, Frankfurt 1974
Shirer, W. L., Aufstieg und Fall des Dritten Reiches, Köln 1961
Shirer, W. L., Der Zusammenbruch Frankreichs, Zürich 1970
Steinert, Dr. M. G., Hitlers Krieg und die Deutschen, Düsseldorf 1970
Talbott, St., Chruschtschow erinnert sich, Reinbeck 1971
Wer ist Imperialist?, Stuttgart 1973
Zawodny, J. K., Zum Beispiel Katyn, München 1971